JN123136

頭がいいだけの銀行員はもういらない

対話型人材開発のチャレンジ

江上広行／山口省蔵 [編著]

JPBVリーダーシッププログラム メンバー [著]

経済法令研究会

はじめに
——未来の金融を切り拓く種である皆さんへ

　私は使いものにならない銀行員でした。

　この本では、そんな使いものにならなかった私が、自分のことを棚に上げて金融機関の人材開発の変革についての提言を行っていくつもりです。そのベースとなっているのは、私たちが実施している未来の金融を変革するリーダーが組織の枠を超えて参加している「ＪＰＢＶリーダーシッププログラム」という対話型の人材開発の取り組みです。（本書ではこのあと「ＳＨＩＦＴ」という言葉が多く出てきますが、それはこのプログラムの愛称のことです）。はじめに、私がどうしてそのような取り組みを始めることになったのか、そして何を目指そうとしているのかについて、自分のキャリアを振り返りながらお話ししたいと思います。

　私が地方銀行に就職したのは、バブル経済のピークといわれた1989年です。池井戸潤の原作でドラマにもなった『オレたちバブル入行組』世代です。最初は地方の支店に配属されました。右も左もわからない新人に法人向けの営業を担当させるぐらいに地方の景気は上り調子で、企業の資金需要も旺盛でした。しかし、私はといえば、入行してすぐに「はたしてこの仕事を選んでよかったのだろうか？」と後悔したぐらいに銀行の営業が苦手でした。「金融商品をセールスする」ことにモチベーションが上がらず、仕事が板につかないのです。「どうして、お客様が求めていない商品を提案しなきゃいけないんですか？」と上司に質問したら「何を青臭いことを言っとるんだ！」とどやされたこともあります。そんな感じだったのでどの支店でもノルマが未達で、本部に転勤になりました。本部では審査部署に配属になりました。支店から上がってくる融資案件が書かれた稟議書の審査をする仕事です。支店と本部では人事評価の基準がガラリと異なります。支店のときは「数字を上げること」で評価がされていましたが、今度は「審査能力が高いこと＝自分が賢いこ

と」を証明しなくてはいけません。

　緻密な分析をしたフリをして長文の報告書を書いたり、どれだけ融資案件の懸念点を指摘できるかを競ったり、どうみてもAにしか見えないことをBのように見せる技術を磨く仕事にしばらくは没頭していました。それらの仕事をそこそこにこなすことはできましたが、時間が経つとともに、だんだん嫌気がさしてきます。そのとどめとなった出来事がありました。あるとき、多額の融資をしている地域の名門企業が粉飾決算をしていたことに気がつき、10年分の決算書を並べて裏取りの分析をしたうえで、「この会社は実質的に債務超過である」と報告しました。しかし、あろうことかその報告書はスルーされ、その企業との取引はそれまでどおりに継続されました。そのあと、その企業の粉飾決算が明るみに出てニュースにもなるぐらい話題になりました。そのとき、上席から私が呼ばれ何を言われるかと思いきや「いや〜、あのときの江上君の分析は素晴らしかったね」と褒めてくれたのです。そのことで銀行の中の誰も責任をとることもなくです。

　それからというもの、仕事をしていても、いつも「この作業って、何の意味があるのだろう」と考えるようになり、意味がないと思う仕事をしなくなりました。目の前を通り過ぎていく「稟議書」にはハンコだけ押してさっさと回し、誰もやらないだろうと思うことを自分で探して時間を使うようになりました。それは現在に至る「バンカーにとって本当に必要な仕事」の探求の始まりでした（ここでは銀行、信用金庫、信用組合などの金融機関にお勤めの皆さんをバンカーと呼ぶことにします）。

　銀行員の人事評価は、能力評価と業績評価です。私は「頭がいい」という基準での能力評価はソコソコだったのかもしれませんが、指示どおりに仕事をしないので業績評価はよくありませんでした。さぞ、上司にとっては使いにくい人間だったことでしょう。それでも、なかには私がやっていることをおもしろがって応援してくれた先輩や同僚もいて、その支えで仕事は続けていました。

　言われた仕事をしない言い訳として「銀行の仕事は無駄だらけだ」と

いつも声を上げていたら、今度は大きな業務改革プロジェクトを任されることになりました。多額の予算を投じて実施されたそのプロジェクトは紆余曲折の末、最後の最後に頓挫してしまい、今度は自分のマネジメント能力不足を思い知るかたちで、心も体もボロボロになって、40歳で銀行をあとにしました。これが使いものにならなかった私の銀行員としての18年です。

　銀行を退職した私は、今度は金融機関向けにＩＴシステムを提供する会社に転職しました。複雑化した金融機関の業務の効率化や合理化を支援する仕事です。全国各地の地域金融機関が顧客だったので、47都道府県のうち46を数年かけて巡りました。いろいろな金融機関で業務改革の提案をしたり、そのためのシステムを導入したりをするなかでたくさんの成功と失敗を経験できました。

　その経験を経て気づいたことがありました。どれだけ高度で便利なシステムを導入したとしても、それを使う組織の「価値観」や「組織文化」が変わらなければ変革は進まないということです。例えば、情報を共有してみんなで活用しようとするＣＲＭシステムを、それを使う現場の人が「大切な情報ほど人に見せてはいけない」という価値感のままに導入しても効果が得られることはありません。そのような経験を通して、私は戦略やシステムなどの目に見える部分だけではなく、目に見えない「人や組織」の内側の変革に関心を持つようになりました。そして、システム開発をする会社の中で、ここでも勝手に「人や組織」の変革を支援するコンサルティングの事業を立ち上げました。その仕事の中で「つらい、なんとかしたい」または「やばい、なんとかしなきゃ」という思いで変革を進めようとしているバンカーともたくさん出会いました。彼らの多くは、役員や〇〇長という役職が付く肩書上のリーダーではなく、ボトムアップで仲間を集めて活動を進めている現場のリーダーたちでした。

　私は変革を進めようとして失敗した自分のキャリアを取り返そうとするかのように、彼ら・彼女らが進めようとする変革を応援したいと思うようになりました。そして「人や組織」の変革をサポートすることに専念する「組織開発コンサルタント」を自分の生業とすることを選択し、

独立しました。

　これまで私が関わってきた仕事は

　・大規模な組織的な不祥事を起こした金融機関の沈滞ムードを断ち
　　切るための、組織文化改革のプロジェクト
　・合併した文化が異なる金融機関の対立を解消し、新組織としての
　　一体感を再構築するプロジェクト
　・トップダウンの体質から抜けられない硬直的な組織に対して、多
　　様性や対話的な文化を浸透させようとするプロジェクト

などです。これらのプロジェクトを通して骨身に染みたこと、それは
組織は「機械」ではなく「生き物」だということです。官僚的でまじめ
な人が多い金融機関を固く冷たい機械に例える人もいますが、そこで働
いている人たちは、複雑で多様な感情を持つ多様な人たちで構成される
集団です。

　企業は人材に対して「スペック」という言葉を時々使いますが、機械
の部品を入れ替えるように、人を入れ替えたからといって、きちんと稼
働して成果が得られることはありません。計画を立てて、目標どおりに
目的を達成しようとするPDCAという管理手法は、機械に対しては有
効かもしれませんが、感情を持つ人間に対してはなかなか難しいもので
す。それでも組織は、利益などの目標を達成するために、「人」を機械
のように管理しようとします。今どきでは金融機関でも「人的資本経営」
の取り組みが盛んですが、私たちは「人」という存在を「資本」として
バランスシートの中に埋め込んで、道具のように「使える」資源にコン
トロールしようとしかねません。

　「人は変わりたくないのではない、変えられたくないのだ」とは『学
習する組織』（英治出版）という著書で有名なピーター・センゲの言葉
です。金融機関の経営者からDXやSXなどの戦略を策定して、「変革」
を訴えながらも現場になかなか浸透しないという悩みをよく聞きます。
しかし、「変わろうとする意思」がない人に対して、人事評価制度を変

えたり、組織改変を行ったりと、いろいろな改革を進めても本質的な変化が起きることはありません。私自身が、銀行の中で言うことを聞かなかった人間の代表のようなものですから自分が一番よく知っています。繰り返しますが、人や組織はスイッチを押せば動くような「機械」ではなく、意思も感情も持つ「生き物」なのです。

　それでも、「人は変わりたくないのではない」というピーター・センゲの言葉にあるように、人は自分で自分を進化させようとするエネルギーを内側に持っています。ただし、生き物である植物の種がいつ芽を出し、どんな花を咲かせるかを予測できないように、人にそのタイミングがいつ訪れ、それがどのように進化していくのかは思うようにコントロールできません。

　コンサルタントには、クライアントの「戦略」や「システム」など目に見えやすい外側の変革を支援する人と、クライアントの「価値観」や「文化」など目に見えにくい内側の変革を支援する人という２つのタイプがあります。「組織開発コンサルタント」は後者になります。そこで働いている人たちがどんなふうに変わろうとしているのか、または、何がその変化を阻害しているかを洞察し、必要なタイミングが来たときに、時間をかけて寄り添い手を差し伸べていく仕事です。自分の無能さをさらすようですが、お仕事をいただくときは「一生懸命やりますが、成果は約束できません」とお伝えします。「３か月間で、心理的安全性が高い組織にしてください」と依頼されてもそれは無理な相談なのです。

　組織開発コンサルタントとして、人や組織の変革に携わる仕事をしてきて、私が多くみかけた光景、それは「変革を進めるリーダーが、それを本気で進めようとすればするほど傷ついていく」という頭が痛い現実です。

　そもそも変革とは、リスクを伴うどころかその成果さえも保証されないものです。変革の途上には、必ずといってよいほど抵抗勢力という敵が現れます。時間をかけて、ようやく成果が出たかもしれないというタイミングでゲームのラスボスのような巨大な敵が現れて、変革が頓挫し

てしまうこともしばしばです。

「変革は常に犠牲を伴う」とは、よく聞く言葉です。変革とは、それまでの慣れ親しんだ仕事や、そのベースにあった価値観を手放すことでもあります。それを進めることで、仕事を失ったり、不遇な待遇を受けたりする人が増えていくという犠牲は避けて通れません。さらに、変革は外に犠牲者を生みながらも、変革を進めようとしている当事者も傷ついていきます。人に迷惑をかけることに苦悩を感じない人はいません。変革を進める人はその苦悩から自分の心も傷つけます。さらに組織の居場所や自分のキャリアさえも失ってしまう恐怖に耐えなくてはいけません。

以下のまるでドラマのような出来事は、すべて私が目撃した変革にチャレンジしたバンカーに起こった事実です。

・ハードに進めた人事制度改革の抵抗に直面し、メンタルに痛手を負って担当をはずれることになった。
・自分たちが作り上げた新規事業の成果を、それをやっかむ勢力に乗っ取られて、金融機関を去った。
・組織で起きた不祥事をきっかけに、組織の構造改革に本格的に取り組もうとして抵抗に遭い、子会社に出向させられた。
・他の組織から移籍してきたある金融機関の経営者は強烈なリーダーシップを発揮して、数年でビジネスモデルと組織文化の改革を成し遂げ、業績をV字回復させたものの、その後旧勢力の抵抗に遭い、最後は変革を支えた仲間たちとともに経営の座から降りることを選択した。

私は自分のキャリアの傷を取り返そうという思いに駆られて始めた仕事で、かつての自分と同じように傷ついていく人たちとばかり仕事をしています。そして、クライアントも自分も傷つくことばかりの繰り返しです。それでも、ときどき「人が変わる」「組織が変わる」という瞬間に立ち会うことがあります。

コンサルタントとしての成果がなかなか出ず「自分の仕事に意味があ

るのだろうか？」と思い巡らしているとき、知り合いのセラピストから
こんなことを教えてもらいました。セラピストの役割とは苦しんでいる
人に対して痛みを癒す「甘い薬」ではなく、あえて「苦い薬」を処方し、
その痛みの中から自分を取り戻すために寄り添うことだというのです。
私の仕事はこのセラピストのようでありたいと思っています。

　変革は痛みを伴うものであるからこそ、一人で成し遂げられるもので
はありません。その痛みを分かち合える仲間が必要です。変革を進める
リーダーとは、たとえ人に迷惑をかけてでも、そして自分が痛い思いを
してでも、リスクをとって「こんな未来を作りたいという」というアイ
デアを実現させようとする人のことです。私はそんな思いをしてまでも、
未来に何かを存在させようとする人を応援することほど、仕事として誇
りを感じることはありません。

　日本の金融業界には、このように痛みを伴ってでも変革を推し進める
リーダーがたくさんいます。そのような人たちは、それぞれの現場で孤
独に組織の中で苦悩し闘っています。私たちがＪＰＢＶリーダーシップ
プログラムを始めたのは、そのようなリーダーたちが組織の枠を超えて
対話をしながら互いの成長をサポートしたいという意図からでした。変
革を進めるリーダーに寄り添う仲間がいることほど心強いものはありま
せん。変革は痛みを伴うからこそ、仲間が必要なのです。

　ＪＰＢＶリーダーシッププログラムは2021年4月に金融変革者を支援
する金融業界でのまったく新しいスタイルの人材開発プログラムとして
スタートしました。ここには、メガバンク、地方銀行、第二地方銀行、信
用金庫、信用組合、労働金庫、政府系金融機関などすべての金融業態に
加え、クラウドファンディング、コンサルタント、メディアなど金融業
界のリーダーが全国から参加しています。20代から60代まで幅広いメン
バーがコミュニティとしてお互いをサポートしながら、対話と内省を繰
り返しています。外面としての知識や能力を高めることよりも、リーダー
として内面開発を目的としたユニークなプログラムとして、金融庁から

後援してもらっています。

　ＪＰＢＶリーダーシッププログラムの母体となっているのは、名前のとおりこれも私が立ち上げに参画したＪＰＢＶという団体です。ＪＰＢＶはThe Japanese Practitioners for Banking on Valuesの略で正式名称は「一般社団法人 価値を大切にする金融実践者の会」です。その名称にあるとおり「価値を大切にする金融」というコンセプトを日本で実践し普及させることを目的に2019年12月から活動しています。2024年１月現在、金融機関を含む70の個人・組織がメンバーとして加盟しています。
　「価値を大切にする金融」とは、未来に残したい世界をビジョンとして描き、それを実現させるための手段を、金融の存在目的とする考え方です。これはリレーションシップ・バンキングを、社会や環境を含めてより長期の時間軸に拡張した概念です。「価値を大切にする金融」の詳細については、本書の第１章で説明しています。

　本書ではこのＳＨＩＦＴで提供しているコンテンツやそこで繰り広げられた対話をベースに、金融機関の人材開発がこれからどのように再定義されるべきかについて皆さんに問うていきたいと思います。そして痛みを伴ってでも変革を成し遂げようとする現場のリーダーが、未来の金融を切り拓いていく種となることが私や共著者たちの願いです。
　この本の中には、それまでの金融業界には馴染みがない用語がたくさん出てきますが、その裏付けとなる理論や考え方についてもできる限りわかりやすく説明するように努力をしました。また、実際にこのプログラムに参加したメンバーの生の声もたくさん掲載しています。ＳＨＩＦＴで実践している私たちの人材開発の取り組みも試行錯誤の途上であり、実際に取り組んだことの成果と課題についても、そのまま感じ取っていただけると思います。
　そして、この本が、日本中の金融機関にいる隠れた未来のリーダーの誕生への一助となることを心から願っています。

江上 広行

第3章 リーダーたちのストーリー

第1章

再定義される金融機関の人材開発

▶▶▶ 江上広行

再定義される金融機関の人材開発

■ あなたは、どうしてバンカーという職業を選択したのですか？

「あなたは、どうして今の職業を選択したのですか？」

この問いかけに対してあなたはどのように回答するでしょうか？

私はいろいろな業界の方を対象に対人サービスの仕事をするなかでクライアントに向かってときどきこの問いかけをします。

例えば、自動車メーカーにお勤めの方の多くは「子どもの頃からクルマを作りたいと思ってエンジニアを目指してきた」と話します。医療従事者であれば、「身内に病気の人がいた体験から人々を苦しみから解放してあげたい」と語る方もいます。そう話す方々の目はいつも輝いています。夢やビジョンを自分のアンカー（錨）のように携えている人は、いろいろとつらいことがありながらも、仕事を自分の生きがいの一部にして働いている感じがします。

私がこの問いかけをするのは、一定期間のキャリアを重ねてきた人たちに対して、**一度立ち止まって就職した頃の気持ちを思い出し、働く理由の原点に返ることで自分のキャリアを見つめ直すきっかけにしてほしい**という意図があるからです。

しかし、ある業界に限ってはこのやり方があまり通用しません。その人たちの多くは、この問いかけをすると決まって「理由はあったかなー」と回答を避けるような冷めた感じの表情をします。回答があったとしても、「地元の大企業だから」「給与が、そこそこいいから」などの言葉を発します。その顔は「そんなこと聞くなよ」「目の前にある現実や問題で手いっぱいなんだ」「夢やビジョンを語るなんて子どもじみている」と言っているように私には聞こえてきます。

ご想像のとおり、これは金融業界のことです。

学生就業支援センターという団体が就活生を対象に「さまざまな業界に対してどんなイメージを持っているか（業界別イメージ調査）」という調査を行っています。そこで「銀行のプラスイメージを教えてください」と尋ねたときに、学生の70.8％が「安定している」という回答をしたそうです。さらに「給料が高い」「優秀な人材が多い」という理由が続きます。これが、メーカー業界だと「安定している」というイメージを持つ人がそれでもトップですが比率では12.5％に下がります。続けて多いのは「身近な商品、好きな商品に関わることができる」「もの（形に残るもの）を作ることができる」になります。

また「2015年雇用動向調査」（厚生労働省）が行った、転職者を対象とした志望動機についての調査では全業種での志望動機の第1位は「仕事の内容に興味があった」で23.4％ですが、金融・保険業では16.1％に低下します。一方で「給料等収入が多い」が、全業種では6.0％であるのに対して金融・保険業では13.3％に増加します。

つまり、金融機関で働く人の多くは安定や高い給与水準を目的としてこの業界に入ってきており、「仕事として金融がやりたかった」人が少ないのです。

それでも、バンカーの中には大きなお金を動かして、「経済の中心で活躍したいという思いでメガバンクに入った」とか、「自分が生まれた地域に貢献したいという理由で地域金融機関を選んだ」というエピソードを語る人は少なからず存在しています。新人や2〜3年目ぐらいまでの若手から、ビジョンを語る声はまだまだ聞こえてきます。しかし、そこからキャリアを重ねていくと、それまでビジョンを熱く語っていた人の誰もが、**いつしか似たような言葉遣いをする「バンカー」へと変容していきます**。ここで「カギカッコ」で括っている「バンカー」は個性豊かで夢に溢れていた「本来の自分」を埋没させて「バンカー」という役割を演技するようになった人たちのことです。

私はキャリアを通して、おそらく2万人以上のバンカーと接してきま

した。彼ら・彼女らは他の業界の方と比較してもとても優秀なことは間違いがありません。また、多くの人が誠実でもあり、仕事に対する姿勢もまじめで勤勉です。間違いなく地域や日本を背負っていくビジネスリーダーとして十分な素養を兼ね備えています。

バンカーがその職業を選択していることの「給料を稼ぐこと以外の目的」とは何なのでしょうか。バンカーが組織の中に埋もれて自分を見失うことなく、仕事を通してその余りある素養を社会や未来のために尽くし、そのことによって、生きがいも感じられるようになるにはどうすればよいのか。それが、私が身を置くことになった、金融業界への対人サポートという仕事の中で探究し続けているものです。

■■■ 「創造すること」と「問題を解決すること」の違い

役割としての「バンカー」に求められること、それは、知識や経験を積み上げて能力を高めることです。一般的に、バンカーに求められる能力は「頭が良いこと」で計測されます。「バンカー」の多くは、学生の頃から学力の競争の中で勝者となった人たちです。金融機関に就職した後もその戦いは終わることなく能力至上主義の競争は続きます。

「バンカー」の仕事は、その頭の良さを活かしての顧客や地域の問題解決です。解決すべき問題はさまざまにあります。「数字を達成するための営業力」や、「リスクを見極める財務分析や事業性の目利き力」がその代表的なものでしょう。最近は、金融機関の業務も預貸業務を超えて多様になってきているため、求められる能力として「本業支援のためのコンサルティング力」「デジタルやＩＴに精通していること」という難易度が高い要素も加わってきました。

しかし、「問題解決」とは微妙な言葉です。「問題を解決する」ということは、その前提として問題が解決した先に作り出したい状態があるはずであり、**手段である問題解決だけが独立して存在するわけではありません**。例えば、子どもの頃、自転車に乗れないという「問題」を解決したかったのは、「自転車に乗って友達と遊びたい」とか「いろんなところに行ってみたい」という目的があったからです。金融機関はよく「生

産性を上げたい」「非金融のサービスを拡充したい」「ＤＸに対応しなくてはならない」という解決すべき問題を掲げますが、その問題を解決した先にどんな状態を存在させたいかが語られることはあまりありません。それでも、**「バンカー」は必死になって能力を身につけてたくさんの問題解決に取り組もうとします。**

金融業界では「問題」よりも「課題」という言葉を使う場合も多いようです。一般的に「問題」とは望まない「状態」のことを指し「課題」とは望む状態への解決に向けた「取り組み」のことを指します。

「地域課題の解決」「社会課題の解決」という言葉は、金融機関の事業計画等に記載されていますが、その「望む状態」がどんな状態であるかが具体的に示されているものはあまり見かけません。

金融機関の経営者にとっては「銀行を潰さないこと」が最大の問題なのでしょう。私はある経営者に、「そんなにたいへんな思いをして組織を存続させることで、いったい未来に何を残したいのですか？」と尋ねたことがあります。そのときの回答は、やはりこうでした。

「そんなこと聞くなよ」
「目の前にある現実や問題で手いっぱいなんだ」と……。

ピーター・センゲがこのようなことを言っています。

「『創造すること』と『問題を解決すること』の根本的な違いは簡単である。問題を解決する場合、私たちは望んでいないことを取り除こうとする。一方、創造する場合は、本当に大切にしていることを存在させようとする。これ以上に根本的な違いはほとんどない」

バンカーがお金にまつわる複雑な問題解決能力を高めていくことはとても大切なことです。しかし、病気を治しただけでは健康にはならないように、お金に関する問題を解消するだけでは望む人生は送れません。地域金融機関が地域の「問題を解決すること」だけでは、願う地域や未

来は訪れません。より本質的に向き合うべきことは問題解決や課題解決をすることやその「能力」ではなくその先にある世界を描くことです。

■ 行きすぎた能力主義の弊害

金融業界は能力が高い人が集まる業界の一つですが、能力主義がもたらす弊害もあります。「社会における人間の地位は、その人の能力によって決められるべきである」という考えをメリトクラシーと言います。「白熱教室」などで有名なハーバード大学のマイケル・サンデル教授は著書『実力も運のうち 能力主義は正義か？』（早川書房）の中で、行きすぎたメリトクラシーの弊害について指摘しています。

メリトクラシーが支配する組織や社会では「富は才能と努力のしるしであり、貧困は怠惰のしるしである」という見方を助長します。それが行きすぎると経済的差別だけではない、能力による差別を引き起こし、さらに社会の中から多様性を失わせ、組織の中だけではなく地域やコミュニティの分断をもたらします。

メリトクラシーが経済的格差を助長し、その格差がさらに能力差別を助長していくという連鎖が日本においても顕著に発生しています。

アメリカのシンクタンク The Pew Global Attitudes Project が行った調査結果（「What the World Thinks in 2007」）によると、「自力で生きていけない人たちを国や政府は助けるべきだとは思わない」という意見を持つ人が日本では38％もいるそうです。この比率は他の先進国だけでなく途上国と比較しても圧倒的に多いというそら恐ろしいデータです。

金融はメリトクラシーの体質が根づいている業界の一つです。金融機関では能力が高い人が出世し地位と権力を得ていきます。そして、最も能力が高い人を頂点としたヒエラルキー構造が形成されます。地位と権力を手に入れた人たちの多くは本部に勤務して支店を指導するポジションにつきます。支店の中では、支店長など能力や経験があるとされている管理者が現場の職員を指導します。この構造の中で、**能力が高いことこそが「バンカー」のアイデンティティ**と化していきます。能力が高いことにこそ価値があると信じている「バンカー」は、コンサルティング

やアドバイス能力を高めて「顧客の先生」として顧客を指導することに躍起になります。能力が高くなくてはいけない「バンカー」にとっては「わかりません」「助けてください」という言葉は発してはならない台詞の一つです。

社会のＤＸ（デジタル・トランスフォーメーション）化やＳＸ（サステナビリティ・トランスフォーメーション）化が進展し、データやテクノロジーが活用したオープンな連携が普及していくなかでも、多くの金融機関は多様なステークホルダーとの連携に消極的で、いろいろなサービスを自前主義でやり通そうとする傾向があります。

一方で金融機関が提供するサービスでは、自社にとって都合のよい顧客だけを選別する傾向があります。若い創業者、シングルマザー、外国人などの顧客に対しては対応が後ろ向きです。この問題は、数年前に金融庁が使った「日本型金融排除」という言葉にしたことで話題になりましたが、その奥深いところには、金融機関に蔓延しているメリトクラシーがあると私は感じています。

■■■ 「能力を高めることによって、結果がついてくる」は本当か？

能力開発は、金融業界にとっても普遍的なキーワードです。昨今は、「人的資本経営」や「リスキリング」という言葉が脚光を浴びるようになり、金融機関もこれまで以上に人材育成や能力開発に熱心に取り組んでいます。

「人的資本」という言葉は、時として「人」という存在が収益を上げるために投下した「資本＝道具」になってしまうようなニュアンスに取り違えられる懸念があります。時として、企業が従業員に投資をしてどうやって生産性を上げていくかという視点だけで、人的資本経営が語られることがあります。ある人事管理をテーマとした国際的な学会で、生成ＡＩなど、人の仕事を代替するテクノロジーが進化した時代では、「ヒューマン・リソース（人的資源）」というように「ヒューマン」をわざわざ区分せずに人も含めてシンプルに「リソース」と呼べばいいので

はないかということがまじめに議論されています。つまり、人は人との能力の比較だけではなく、ＡＩやロボットなど、その他のリソースとの能力の比較にさらされているのです。

　私たちは、「能力を高めることによって、結果がついてくる」と当たり前のように信じ込んでいますが、本当にそうでしょうか?

　「能力」というものは単に同じようなことをしている他人と比較するモノサシの一つにすぎません。例えば「ビジネススキル」という能力は、「正解があるビジネスモデル」に限定されたビジネス環境においてだけ、適用し得る概念にすぎません。時代や環境が変われば「頭が良い」ことよりも、違った能力のほうが重宝されることもあります。生まれた時代や風習が変われば「頭が良いこと」にはあまり価値がなくなり「足が速い」や「歌や踊りが上手い」ほうが、もてはやされるかもしれません。
　それがいよいよ現実となろうとしています。金融機関に限らず、今日の経営では経済的価値だけではなく、社会や環境へのインパクトを意識した価値の創出が求められています。また私たちがずっと大切にしてきた「頭が良いこと」も、もうすぐChatGPTなどの生成ＡＩに置き換えられようとしています。ＡＩによって、今後コンピュータに置き換わると予想されるのは、時給3,000円から10,000円の範囲にあるホワイトカラーの仕事だといわれています。まさに、バンカーや会計士、弁護士などの専門知識を強みにしている仕事のことです。
　そんななかで、私たちは組織の中にいる「人」という資源をどのように捉えていけばよいのでしょうか。

■■■　人の成長には、水平方向と垂直方向がある

　大切なものであるはずなのに、多くの金融機関が取り組もうとしない人材開発の「盲点」があります。それは人の成長とは、「知識・スキル」という能力が伸びることだけではないということです。
　「人は何歳になっても成長することができる」という趣旨の「成人発達理論」を唱えている組織心理学者のロバート・キーガンは、人の成長

にはヨコ方向の「水平的成長」とタテ方向の「垂直的成長」があると説明しています。

水平方向での成長とは主に「知識・スキル」という能力が向上していくことです。バンカーは新人の頃は、ほとんど業務知識はありませんが、融資や営業などの経験を積み重ねることによって業務遂行能力が高まっていきます。金融機関がジョブローテーションや転勤を繰り返すことは、まさにこの多様で幅のある業務経験を積ませることが目的です。また、本を読んだり中小企業診断士の資格を取ったりして知識や技能を身につけていくことも、水平方向での成長です。金融機関の研修やOJTをはじめとする人材開発は、仕事の実践を通じて「知識・スキル」の水平的成長を果たすことを目的としています。

もう一つの垂直方向での成長とは「知性・意識」が成長し、人間としての「器」が拡大していくことを示します。これまでより難易度の高い仕事に挑戦しそれをクリアしたとき、あるいは仕事上の苦境や修羅場をくぐり抜けて事態を取りまとめられたときに、人としての「器」が大きくなり、これまで見えなかったもの、捉えられなかったものがつかまえられるようになります。いわゆる「一皮向けた」といわれる変化がこれに当たります。よくいう「人間性」は、この垂直方向の成長を表すものです（図表1）。

水平的成長と、垂直的成長は明確に区分できるものではありません。また、水平的成長と、垂直的成長はそれぞれに独立しているものでもなく、相互に影響し合いながら成長していくものとされています。

どちらかというと水平的成長は、資格試験や業務知識など客観的に認識しやすいものです。そのため、人事評価やキャリアとしての目標設定は水平的成長を基準に体系立てられています。

【図表1】人の垂直的・水平的成長

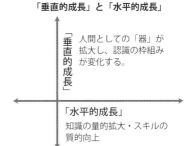

成人発達理論
「垂直的成長」と「水平的成長」

「垂直的成長」
人間としての「器」が拡大し、認識の枠組みが変化する。

「水平的成長」
知識の量的拡大・スキルの質的向上

一方で**垂直的成長は、あいまいで、言語化しにくい**ものです。「人の器の大きさ」は、なんとなく感じ取ることはできたとしても、人間の内面にあるがゆえに客観的に認識しにくいものだからです。客観的に計測でき比較もできる水平的成長を人材開発の基準とすることは、ある意味で仕方がないことです。

　金融業界はとくに水平的成長を重視してきた業界の一つです。しかし水平的成長に偏重しすぎたがゆえに弊害を生み出してきました。水平的成長を重視する組織が持つ価値観は、そのままコピーされて顧客向けの商品やサービスにも展開されます。例えば、「社会における人間の地位は、その人の能力によって決められるべきである」というメリトクラシーの価値観が強い組織では、能力が低い人たちに対して「努力しようとしない人」と見立てます。そして、その価値観は、多様性のない商品やサービスとして市場に展開されます。金融機関による融資先に対する審査基準は、自分たちの組織の中にある価値観が反映されます。事業性評価といっても、YouTuberやソーシャル・ビジネスに対する評価はバンカーにはなかなかできません。よく日本の金融機関はメガバンクから、地方銀行、信用金庫、信用組合までもが同質性が高いといわれますが、これは業界全体として、水平的成長に偏重した人材開発体系と無関係ではありません。

　水平的成長に偏重した人材開発制度は、失敗をおそれてリスクを回避する体質が垂直的成長の機会を奪うという副作用があります。バンカーが研修やOJTを通じて知識や経験を高めることを重視しすぎたゆえに、人の内面である垂直的成長を意識しないばかりか、その成長にブレーキさえかけ続けていた可能性があるのです。

■■■　バンクとバンカーの関係

　先ほど組織の中で「本来の自分」を埋没させて働いているバンカーのことを「カギカッコ」で括って表現しました。ここでは、バンカーと「バンカー」とは何が違うのか、そして「バンクとバンカーの関係はどうあ

るべきか」という問いを投げかけてみたいと思います。

　組織には、組織の目的があり（株式会社であれば、大方は株主価値の拡大）、一方で個人にも個人の働く意図や生きがいがあります。かけ離れたところに由来している組織と個人にあるそれぞれの目的は整合し得るものなのでしょうか？

　私はよく会社などの組織と、そこで働く人との望ましい関係を表現するときに「映画と俳優」のメタファー（隠喩）を使います。映画を製作するときは、観客を楽しませて興行収入を上げるべく、練られた脚本をもとに、監督が俳優に対して演技を指示します。これをビジネスに置き換えると、「映画」とは仕事における一つの「プロジェクト」であり、「監督」はそのマネジメントをする「経営者」、「脚本」は「ジョブ・ディスクリプション」、「俳優」は「従業員」に紐付けられるでしょう。最近は仕事の内容によって求めるスキルを限定して採用する「ジョブ型」と言われる、人ではなく仕事に紐付く雇用形態をとる会社が増えてきています。映画でいえば、例えば脚本にある「悪役のジョブ」を演じることができる俳優が選ばれていきます。

　それでは人を感動させるよい映画では、俳優はどんな「あり方」で演技をしているのでしょうか。俳優は己の個性を捨ててまで、脚本どおりの役になりきって演技に徹することなのでしょうか？　その答えは皆さんが好きな映画とそこに出ている俳優をイメージしてみるとすぐにわかります。

　例えば、私も大好きなマーティン・スコセッシ監督の名作『タクシードライバー』では名優ロバート・デ・ニーロが退役軍人のタクシードライバーであるトラヴィスの役を演じています。劇中、トラヴィスが鏡の中の自分に向かって"You talkin' to me？"「俺に用か？」と話しかけるシーンがあります。孤独に苦しむ帰還兵トラヴィスの中にある狂気が覚醒する瞬間を切り取ったこの台詞は、「アメリカ映画の名セリフベスト100」の10位にも選出されています。（この台詞はロバート・デ・ニーロが咄嗟に発したアドリブだったそうです）。このシーンは、ロバート・デ・ニー

ロが、完全に映画の役に没頭しながらも、同時にほかの誰でもないロバート・デ・ニーロであった瞬間です。私はロバート・デ・ニーロ以外の俳優が演じている『タクシードライバー』を想像できません。ロバート・デ・ニーロなくして映画のタクシードライバーは成立し得ず、タクシードライバーなくして、ロバート・デ・ニーロも語れません。

一流の俳優は「リハーサルで台詞を覚えて、本番で台詞を忘れる」と言います。映画監督の故伊丹十三氏は「スクリーンの中で役の人物として生きるためには俳優としては死ななきゃならん」という持論があったそうです。彼らは脚本どおりに演技をしていながら、個としての圧倒的な存在感を示します。それでいながらも、脚本の世界に完全に自分を委ね、物語に命が吹き込まれるのです。

「欲求5段階説」で有名なアメリカの心理学者アブラハム・マズローは、傑出したチームに見出したものとして次の言葉を残しています。

「任務はもはや自己との区別がつかなかった。むしろ自己がこの任務と強く一体化しているため、その任務を抜きにして本当の自己を語ることができなかった」

スティーブ・ジョブズは伝説となっている2005年のスタンフォード大学の卒業式に行ったスピーチでこう言っています（第3章で林大祐氏も紹介しています）。

「心から満足する唯一の方法は、素晴らしいと思える仕事をすることだ。そして素晴らしい仕事をする唯一の方法は、自分の仕事を愛することだ」

この境地に達した人には「働くこと」と「生きること」に何の区別もありません。

組織であるバンクとそこで働くバンカーも、映画と俳優の関係に置き

換えられます。組織目標という脚本にただ従うだけの、個の存在を埋没させた「バンカー」で構成される金融機関は、その「バンカー」の知識やスキルなどの能力をどれだけ開発したとしても、未来に必要とされるような存在となることはできません。バンカーは道具ではなく個として存在している人です。バンカーであると同時に本来の自分のままである個の存在が不可欠なのです。

■ 価値を大切にする金融

　私にはそれまでの経験から、日本の金融機関で本来の自分のままに仕事をすることはきわめて困難であるという諦めの感情がありました。しかし、それは「価値を大切にする金融」という概念を知る前のことです。「価値を大切にする金融」のビジョンは、新しいタイプのリーダーを開発するというその後の私の活動の原動力となりました。
　では、「価値を大切にする金融」とは何かについて説明します。

|1| 「価値を大切にする金融」が生まれた背景

　人類が創り出した「貨幣」は、贈与や交換を行うことによって部族間の交易を促すツールとして発達し、それぞれの時代の権力者に力を与えて、社会や経済が発展していく礎となりました。「金融」はその貨幣が持つ流動性や拡張性をさらに加速させる装置として、人類の発展に最も貢献した発明の一つです。「金融」の仕組みとして代表的な、信用創造や株式会社の仕組みは、産業革命と資本主義による市場経済に爆発的な発展をもたらしました。貨幣や金融がなければ、インドから船で持ち帰った香辛料でフランス料理を創ることも、私たちがローンで住宅を手に入れることも、イーロン・マスクがテスラという車を開発することもできなかったでしょう。今私たちが見渡している世界は、歴史を経てきたこれまでの人間が「こんな世界を作りたい」という妄想を金融のパワーによって現実世界に出現させてきた結果なのです。

　それでははたして、今の世界は人類が本当に望んでいた世界なのでしょうか。競争をベースとした市場経済は、資本を無尽蔵に拡大し、勝てる

ものに資本をより集中させ続けました。その結果、企業や地域社会、国家など、どの階層においても格差や貧困を拡大し続けています。その勝者となるための権利や富を争って戦争は今でも途絶えることはありません。株式会社の有限責任制度は、本当は無限に存在している責任を母なる地球と私たち人類の未来に押しつける仕組みです。無限の責任を引き受けたのは化石燃料や動植物たちであり、その自然への搾取は地球の温暖化や、地球環境の生物多様性の破壊をもたらしています。

　「持続可能ではない」という危機的な状況をいよいよ悟ってしまった私たちはSDGsという目標を立て、地球をあげてその解決に取り組もうとしていますが、残念ながら2030年までにその目標はどうも達成できそうにもない状況です。

　幸福になるために社会や経済を発展させようと道具として発明された金融がもたらした弊害によって、私たちは絶滅の危機に瀕しています。貨幣や金融には、意思はありません。そこに意思を持たせているのは「人間」であり、貨幣や金融は「私たちがどんな世界を未来に存在させたいか」を加速して実現させる手段でしかありません。その妄想が人間の欲望やエゴのままにそれを実現したのです。

　だとすれば、持続可能な未来を存在させるためには、貨幣や金融のあり方を再定義することが必要となります。それが「価値を大切にする金融」の根幹にある考え方です。

｜2｜ 金融の進化における4つの段階

　「価値を大切にする金融」は、経済中心の時代から社会や環境の問題が複雑化したVUCA時代に変化するなかで出現した、金融の新しいパラダイムとして捉えることもできます。個人や組織の変容の原理を解き明かしたことで有名なU理論を提唱した、マサチューセッツ工科大学のオットー・シャーマーは、歴史を通して進化してきた金融の概念を4つの段階で説明しています。

1.0 伝統的な金融
2.0 カジノ金融（エゴ・システム金融）
3.0 社会的に責任のある金融
4.0 変革を促すエコ・システム金融

「1.0 伝統的な金融」は、「決済」「金融仲介」「信用創造」の３大機能を担う従来の金融をイメージしてもらえばよいでしょう。

「2.0 カジノ金融（エゴ・システム金融）」とは、その金融が個人の利己的な欲望（エゴ）の拡大がもたらした形態です。利益を上げることを最大の目的としてきた新自由主義の行末に、2008年にリーマン・ショックによって破綻するまでが、2.0 の状態だったと言えます。

「3.0 社会的に責任のある金融」は、不良債権問題やリーマン・ショックのような、金融がもたらす負の外部性への反省から、金融機関自身の倫理的行動や、ときには当局の規制・指導のプレッシャーによって金融機関の行動に社会的責任を反映させようとして登場したものです。
今世紀に入って日本の地域金融機関が行ってきたリレーションシップ・バンキングや地方創生、ＳＤＧｓ関連の施策の多くは、「3.0」の文脈で行われているものです。これらは金融機関が果たす社会的責任の一環としてコストを支払って行われているため、収益的なプレッシャーにさらされたときに「利益と社会課題のどちらが大切か」という葛藤が必ず生じます。実際、パンデミックのときに金融機関が収益的プレッシャーにさらされると、それまで掲げていたＳＤＧｓの取り組みはとたんに静かになってしまいました。

「4.0 変革を促すエコ・システム金融」では、金融機関は利益よりも大切にする未来への意図を持ち、それを起点に行動します。「価値を大切にする金融」はこの「4.0」へのチャレンジと捉えられます。
「4.0」は「利益と社会課題のどちらが大切か」という葛藤を乗り越え、

それらが統合されている世界を目指す状態です。「未来に何を残したいか」を究極の目的として利益を獲得することは手段ともなり、結果として「利益と社会課題」のどちらも両立し、それを進化させ続けることで持続可能な経営を目指すものです。

「4.0」とそれまでの段階との最大の違いは、金融機関が自らの存在理由をどう定義するかにあります。それは金融機関が社会・環境・経済を構成する一部分であると捉え、自らを進化させることで全体のシステムを進化させていく存在になろうとすることです。これは最近の言葉でいうと企業の存在目的を明確にしようとする「パーパス経営」の考え方ともつながります。「4.0」では金融機関は、多様性と一貫性を両立させ、不確実性と変化に対応しながら進化する経営のあり方が問われることになります。

｜3｜GABVの誕生

「価値を大切にする金融」を普及させる役割を担っているのは2009年に誕生したGABV（The Global Alliance for Banking on Values）というグローバル組織です。リーマン・ショックによって金融ビジネスの限界と課題が露呈したことを受けて、トリオドス銀行（オランダ）やGLS銀行（ドイツ）、BRAC（バングラデシュ）など、気候危機や金融包摂など、持続可能性や地域コミュニティ支援の取り組みに特化していた金融機関が集い、未来から必要とされる金融機関のあり方を再定義し、それを世界に広げていこうとしたのです。

彼らは、その目指す姿を「Value based banking ＝ 価値を大切にする金融」と命名しました。

「価値を大切にする金融」は、顧客・地域社会との関わりにおいて、明確な価値基準を持ち、それを指針としています。その価値基準とは次の8つです。

１ 意図に基づいている（インテンショナル）

社会や環境に対してポジティブなインパクトを意図的に作り出すことが、銀行の存在理由であり、この意図をすべての行動の指針としていま

す。

2 一貫性がある（コヒーレント）

ビジネスモデルの設計においてさまざまな潜在的な対立や課題があることを踏まえたうえでも、「価値を大切にする金融」の実現に向けた全体的で一貫したアプローチをとろうとします。

3 情熱的（アンビシャス）

最高水準を目指し、先進的な銀行の最前線に立つオピニオンリーダーとして認知されることを望んでいます。

4 本物である（オーセンティック）

ビジネスに価値観を統合することで、本物の存在であろうとし続けます。

5 文脈を形成する（コンテクスチュアル）

社会や環境にポジティブな影響をもたらすための適切な文脈を紡ぎ出そうとします。

6 透明である（トランスペアレンシー）

ビジネスモデルのあらゆるレベルで説明責任を果たします。透明性を確保することで、銀行がどのように行動しているかを関係者が容易に理解できます。

7 包括的（インクルーシブ）

一部の人々だけでなく、すべての人々のニーズに応える包括的な金融システムの構築を目指しています。

8 システムを動かす（システミック）

他の金融機関と協力して金融システムそのものを変え、人々によりよいサービスを提供し、環境を保護できるようにします。

GABVはその後、責任銀行原則（PRB）にも影響を与えるなど、金融業界におけるESGやSDGsの取り組みの先駆者として役割を果たし続けます。2018年、そのGABVに52番目のメンバーとして本邦初の加盟が承認されたのが第一勧業信用組合（東京・四谷本店）です。

JPBV（一般社団法人価値を大切にする金融実践者の会）は第一勧業信用組合がGABVに加盟したことをきっかけに、日本で「価値を大切にする金融」を普及させるために2018年12月に発足しました。

■ JPBVリーダーシッププログラム（SHIFT）とは

　そのJPBVの実践活動の一つとして私たちが始めた人材開発プログラムが、JPBVリーダーシッププログラム（SHIFT）です。

　このプログラムが始まったいきさつは、このプログラムをともに始めた盟友である山口省蔵さんが第3章で説明してくれています。ここでは、このプログラムの概要について説明します。

　SHIFTはビジョン、実践、コミュニティの3つの活動を柱としています（図表2）。まず、「価値を大切にする金融」を私たちがともに成し遂げたいとする「ビジョン」として置いています。そのビジョンの「実践」は、参加者がそれぞれの日常の仕事の中で行う変革の活動です。そしてプログラムが提供するコアとなるサービスは、「コミュニティ」です。

　活動の土台となるスキルは、毎月のベースキャンプ・セッション（毎月の定例会のことをこう呼んでいます）で提供しています。三角形の土台として、内省、ビジョニング、システム思考、ファシリテーション、

【図表2】JPBVリーダーシッププログラム（SHIFT）が取り組んでいること

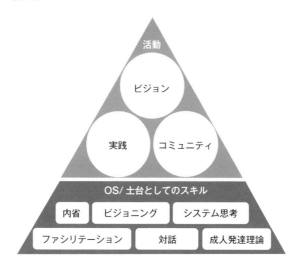

【図表3】 ＳＨＩＦＴでのカリキュラム

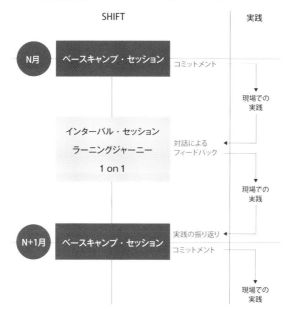

対話、成人発達理論等を例示しています。これらのスキルは、個別の業務の問題を解決するアプリケーションではなく、それらの考え方の土台となるＯＳ（オペレーティング・システム）のようなものです。これらの用語については第2章で詳しく説明します。ベースキャンプ・セッションは講義ではなく、参加者との対話によるワークショップ形式で提供しています（**図表3**）。

　毎月のベースキャンプ・セッションの中間に行われるインターバル・セッションは、グループの3～4人だけでＳＮＳを使って日程調整をして、オンラインで対話をします。

　インターバル・セッションは、お互いの信頼をベースとした「対話」です。それを成り立たせる前提条件として、心理的安全性が欠かせません。

　また、行動を促すきっかけとして、「コミットメント（宣言）」という仕組みを取り入れています。月1回のベースキャンプ・セッションの最

（参考）ベースキャンプ・セッションでの一幕

後に、各自が「24時間以内にやること」「1週間以内にやること」「1ヵ
月以内にやること」を宣言します。何を宣言するかは、それぞれの自由
です。みんなに宣言することで、自分で自分の背中を押すことになりま
す。インターバル・セッションで、コミットメントの中間振り返りが行
われ、次のベースキャンプ・セッションの最初に1か月の振り返りがさ
れます。

　月に最低2回（ベースキャンプ・セッションとインターバル・セッショ
ン）行われる3〜4人グループでの対話の中で、**自然と参加者自身の悩
みや変革の実践に焦点を当てられる時間ができます**。さらに、3か月に
1度以上の頻度で、参加者同士、もしくは参加者と事務局で、1on1（1
対1の対話）を実施します。これらの対話を通じて参加者がつまずきな
がら、自分を変えようとする行程を、他の参加者が対話で受けとめ合う
ことになります。このとき、参加者それぞれが異なる組織から来ている
こと、すなわち、ある程度多様な背景を有していることは、それぞれの
新たな気づきにプラスになります。

　このように、ＳＨＩＦＴでは、各自の変革の実践をコミュニティで支
えていくことが基本構造となっています。リーダーがひとりで変革をし
ていくこと、とくに自分自身を変えていくことの限界を超えて、つなが
ることで変革の勇気は支え合おうとしているのです。

■ 新しいタイプのリーダーの出現が待たれる金融業界

　成熟化した日本経済の中で、成長と利益を追い求めてきた銀行のビジネスモデルは転換点にあります。規模と効率を追求する、これまでの手法だけでは多くの銀行は生き残れないでしょう。日本の銀行は、いよいよ自らの存在理由に立ち返るべきタイミングにきています。

　ＤＸやＳＸなどの地殻変動のような不可逆な構造変化を捉えて金融業界を眺めたとき、金融機関のありよう、つまり「存在意義」はこれから再定義されていくでしょう。

　金融機関が「人」を最大の資産とするサービス業になるとすれば、同時にそこで働く人の存在意義も再定義されていくことになります。これからの金融機関の人材開発で重要となってくるのは、再定義される金融へのトランスフォームを促していく存在です。既存の枠組みの中での水平方向の能力開発に躍起になることは、短期的に効果を発揮するとしても賞味期限は短く、ときには変革を阻害する副作用さえ生み出しかねません。

　例えば、「目利き」と称される事業性評価やコンサルティング能力の強化はここ数年来、金融機関の人材開発における主要テーマの一つとなっています。しかし、そこで学んだことの多くはおそらく10年後には使いものにならず生成ＡＩによって代替されているでしょう。

　日本の金融業界には新しいタイプのリーダーの出現が求められています。ここでいうリーダーとは、地位や権力を持つボスではなく、与えられた仕事を計画どおりに進めていくマネージャーでもなく、自らが起点となって一歩を踏み出す変革の実践者のことです。

　そのようなリーダーになるには、これまでの金融機関の人材開発メニューにあった専門知識や管理能力の習得だけではとても十分とはいえません。

　新しいタイプのリーダーには深い内省によって自己の変容を遂げ、内側から溢れ出るビジョンを言葉にし、対話と実践によって仲間を巻き込んでいくセンスが求められます。

　そのセンスを身につけたバンカーは**「社会から期待されていること」**

と「本来のその人らしさ」を統合し、しなやかに自分らしく仕事をしています。そのようなバンカーが、これからの金融を変えていくリーダーとなっていくでしょう。

　私は、新しいタイプのリーダーへと変容できる可能性が、すべてのバンカーにもともと備わっていると考えています。多くのバンカーは、これまでの固定観念に囚われながら、その**可能性に丁寧に蓋をしているだけ**なのです。今、リーダーシップの育成において本当に必要なことは、外面的な知識やスキルなどの能力の開発だけではなく、「バンカー」という役割を演じようとする制約を取り除き、その人が本来持つ可能性を解放させることです。

■ 再定義される金融機関の人材開発に向けた5つの提言

　本章の締め括りとして、再定義される金融機関の人材開発において具体的に取り組むべきことを「5つの提言」として示したいと思います。

| 1 | マネジメント人材だけではなく、リーダーシップ人材を開発する

　マネジメント人材とは、与えられた収益やプロジェクトなどの目標に対して、人・モノ・カネの管理統制を行って効率的・効果的に達成させていく能力を備えている人のことです。正当な権威と指導力を持ち専門性にも長けているマネジメント人材は、これまでの人材開発における理想とされてきており、その重要性はこれからも失われることはありません。しかし、マネジメント人材だけでは、複雑で予測不可能なVUCA時代の構造変化に太刀打ちできないでしょう。求められるのは起き得る変化に適応する人材だけではなく、望ましい未来に向けた変化を創り出すリーダーシップ人材です。ここでいうリーダーシップとは、頭取や部長などの組織上の権力や専門性を備えていることは条件ではありません。問題を自分事として捉え、そこに飛び込み、自らが起点となって一歩を踏み出す変革の実践者となっていくリーダーのことです。

マネジメント人材に求められているのは「知識・スキル」の向上（「成人発達理論」でいうところの水平方向での成長）ですが、リーダーシップ人材に求められるのは人間としての「器」としての拡大（「成人発達理論」でいうところの垂直方向での成長）を意味します。

｜2｜ 失敗とチャレンジを許容する

これまで金融機関の中で重宝されてきたマネジメント人材は、水平方向の能力開発を駆使して失敗とリスクを回避する経験の積み重ねを行ってきました。しかし、それは、社会・経済のシステムから分離して金融機関の存在を自己正当化させていくことでしかなく、結果として、そこで働く人たちの創造性と多様性を失わせていきました。

そして、皮肉なことに、金融機関のマネジメント人材が増えるほど、リーダーシップ人材を育てる土壌が失われていくという代償を支払うことになったのです。**リーダーシップとは、自分の弱ささえもさらけ出すことによって開発されていく能力であり、自己正当化とは対極のあり方が求められます。**

グローバルにリーダーシップ開発を行っている国際機関Center for Creative Leadershipがビジネスマンに対して「自身のリーダーシップがどのようなときに開発されたか？」という質問を行った調査によると、一番多い回答が「困難な経験」が34％、また「チャレンジングなアサインメント」が27％と、この２つで大半の回答を占めています。この調査が示すことは、リーダーシップ人材は失敗を含む試練を通して開発されるということです。

「心理的安全性」という言葉がビジネス界に広がるきっかけを作った、エイミー・C・エドモンドソンは著書『チームが機能するとはどういうことか』（英治出版）の中で、失敗を９つに区分し、それが「非難に値する」か「賞賛に値する」かを段階的に示しています（**図表４**）。

リーダーシップ人材を育成していくには「賞賛に値する失敗」を許容していく組織文化と、だからこそお互いに厳しいフィードバックが行える心理的安全の構築がとても重要です。360度評価や1 on 1は、失敗やチャ

【図表4】失敗の9区分

非難に値する	逸脱	所定のプロセスに従わないことを意図的に選択。
	不注意	うっかり逸脱。
	能力不足	仕事を遂行するスキルやトレーニングが不足。
	プロセスの不備	所定のプロセスに従ったが欠陥があり不完全。
	困難な仕事	困難で、確実な遂行が毎回はできない仕事。
	プロセスの複雑さ	多くの要素から成り立っているプロセスが、さらなる要素と出会い滞る。
	不確実性	将来何が起きるかはっきりしない中で、妥当に見える行動をとり、好ましくない結果が生まれる。
称賛に値する	仮説検証	アイデアや構想の試みが失敗に終わる。
	探査実験	知識を広げ可能性を調べるための試みが失敗に終わる。

（出所）「チームが機能するとはどういうことか——「学習力」と「実行力」を高める実践アプローチ」（エイミー・C・エドモンドソン著、英治出版）

レンジを可視化することによってバンカーの経験を通じた垂直方向の成長を促す施策の一環として有効です。

|3| システムとして捉える

　財務分析に代表されるようにバンカーは「分析」が得意です。得意であると一般化はできなくとも、少なくとも「分析をする」という思考法がベースとなっています。「分析」の思考法はロジカル・シンキングや論理的思考と言われます。しかし、世の中には分析しようがないぐらい複雑なものがたくさんあります。例えば、私たちの人体はとても複雑な存在です。人体を脳や臓器や筋肉、骨などに分割したところで、人間という複雑な存在を説明することはできません。同様に経営、組織、政治や社会などもとても複雑なものです。ですからそこで発生する問題の多くも複雑です。

　この複数の要素が影響を与え合っている状態を「システム」と言います。「システム」が引き起こす問題を解決するには論理的思考による分析では限界があります。

多くの地域金融機関が課題としている「地方創生」が対象とする地域社会や地域コミュニティは、さまざまな要素が複雑に絡み合うシステムです。例えば地域に対して、経済性だけではなく、社会や環境までを考慮したＥＳＧの概念を投融資の意思決定に取り入れる場合などは、問題の因果関係が途端に複雑になり論理思考だけで問題の本質を捉えることはできません。

この複雑な問題へのアプローチとして注目されているのが、システム思考です。

システム思考とは、問題解決を部分ではなく、要素の関係性から見出していく考え方です。多様で動的に変化していく問題を、構造として見極め、さまざまな要素のつながりと相互作用を理解することで、真の変化を創り出そうとするアプローチです。

例えば、事業性評価やコンサルティングにおいてもシステム思考は十分に有効なツールとなり得ます。複雑な社会課題を扱うＳＤＧｓなどのサステナビリティの取り組みや、複雑で多様なデータを動的に取り扱うＤＸを取り入れていくにはシステム思考はもはや必須のツールです。金融を通して社会・経済にインパクトを及ぼす金融業界こそ取り入れていかなくてはいけません。このシステム思考については、第２章で詳しく説明します。

｜4｜トップダウンの階層別研修からオープンな全員参加型の学び場の構築へ

多くの金融機関の研修は、「新人研修」「中堅管理職研修」「幹部研修」のように階層別に体系化されており、これに、営業スキルや財務分析、コンプライアンスなどの目的別研修が組み合わさります。領域によっては講師や通信教育などが外部業者に委託されますが、その業者の多くは金融専門の事業者であったりします。つまり、**金融の教育体系は教えるほうも教えられるほうも業界内に閉じた「金融村」で運営**されています。

バンカーが「世間知らず」となってしまうのは、この教育・研修体系の構造が少なからず影響しています。

ノウハウがダイナミックに変化している時代には、人事部が企画し階層別に構成していく研修体系はスピードも柔軟性も欠けます。

　現代は教えることに情熱を持っていれば誰もが講師になれる時代です。そのためのタレント・マネジメントツールやEラーニングのITツールも実用性が高まってきています。例えば、YouTubeのコンテンツ評価に対して密かに能力を発揮し得る人材は、現場に眠っていて、そのノウハウは金融機関の知的財産評価に有効である可能性があります。さらに言えば、組織を超えた顧客や地域の市民も講師となり得ます。Zoomなどのオンラインコミュニケーションツールの普及で業界や領域を跨いで交流できるコミュニティが次々と誕生しており、行職員の誰もがオープンに多様な知識を取り入れる機会が増えています。変革を担うバンカーはそのような場にもっと積極的に参加していくべきです。
　業界の枠組みを超えてよりオープンに学び合う組織文化は、金融業界の風通しを良くするばかりではなく、新たなリーダーシップ人材の種が芽吹く土壌を耕していきます。

　多様性を意味する「ダイバーシティ」の重要性が金融業界でも取り沙汰されるようになりましたが、これは何も、多様な属性の人材を採用したり、活用したりすることだけを意味するものではありません。人は誰しも人格の多様性を自分の中に持ち合わせています。これを「インターナル・ダイバーシティ（内なる多様性）」と言います。本業とは異なる価値観を持つような「異質な場」と積極的に関わることで、組織の中で一人ひとりの多様性が解放されていきます。金融機関で導入が進展している副業を推奨する動きも、その一環です。

｜5｜「対話の日常化」とそれを促す「ファシリテータ」を育成する

　「バンカー」は能力を高めて「先生」や「専門家」になりたがります。「優秀であろうとすること」が悪いわけではありませんが、優秀であることだけでは、未来から求められる金融の役割は果たせません。

　優秀な人がトップダウンでコントロールするというパラダイムの転換を図ろうとし始めたのが、金融行政のトップにいる金融庁であったことは象徴的な出来事でした。その金融庁は2016年頃から「共通価値の創造」や「対話」という言葉を行政方針等で頻繁に使い始めました。

　金融機関が、顧客起点で課題を解決するために、金融庁自身がモデルとなって金融機関への指示の連鎖を断ち切り、双方向での対話の連鎖を生み出していくという取り組みへと方針転換を試みました。

　「対話」は、必ずしも金融機関の組織内だけを指しているものではありません。金融機関と顧客、金融機関と株主、金融機関と金融庁などの監督当局、金融機関と地域社会など、ありとあらゆるステークホルダーとの対話によって、出現させたいと願う未来の実現に向けて創発を生み出していくことが、金融機関にとって重要な役割となります。

　対話を促すために、重要な役割を果たすのがファシリテータです。

　正解やベストプラクティスがあるときは、金融業界がトップダウンでコントロールすることが有効です。しかし、金融機関も顧客も正解を持ち得ておらず、正解を見つけたとしても明日にはそれが変わっているかもしれないＶＵＣＡの時代には、対話によって創発を生み出していく役割が金融に求められます。その中でファシリテータという人材のニーズはますます高まってくるでしょう。なお、対話とファシリテータについては、第2章で詳しく説明します。

　ここまで説明してきた「再定義される金融機関の人材開発に向けた5つの提言」はＪＰＢＶが実施しているＳＨＩＦＴでもプロトタイピングとして試行錯誤しながら実践しています。

　次の章からは、ＳＨＩＦＴのＯＳである土台としてのスキルについて解説していきたいと思います。

第 2 章

「再定義される人材開発」の用語辞典

▶▶▶ 江上広行

内面と外面の4象限と
SHIFTで取り扱ったテーマ

　私たちが取り組んでいる人材開発プログラムであるSHIFTでは、毎月「ベースキャンプ・セッション」という対話セッションを行っています。これまでリーダーシップが発揮された行動など、客観的に成果が見えやすい外面だけではなく、見えにくいけれども大切な個人の内面にある意識や組織文化にも光を当ててきました。

　SHIFTでこれまで扱ってきたテーマを示したのが**図表1**です。この図は縦軸に個人・組織、横軸にそれぞれに対応した内面・外面を区分した4象限で表現しています（この表現方法は「インテグラル理論」という考え方を用いています。この理論については、後ほど詳しく触れます）。

　この図にある用語には、金融業界では馴染みの薄いものが含まれるかもしれません。しかし、これらには組織開発の領域で頻繁に議論されているこれからの人的資本経営に不可欠なキーワードが含まれています。

　この章では、皆さんにSHIFTの取り組みをより具体的に感じていただくために、これまで扱ってきたテーマの中から読者に関心を持っていただけそうなテーマをいくつか選んで解説を行っていきます。

[図表1] SHIFTで取り扱ったテーマ

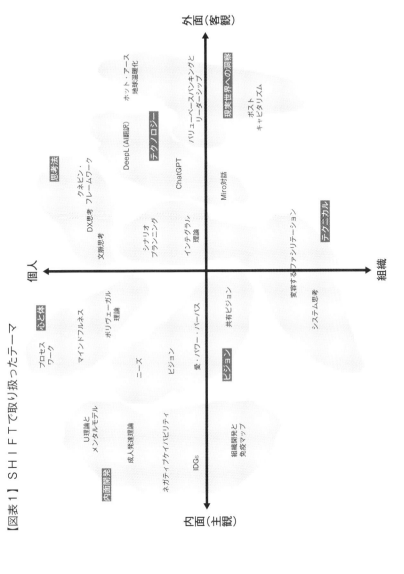

外面（客観）

テクノロジー

思考法

ホット・アース
地球温暖化

DeepL（AI翻訳）

クネビン
フレームワーク
DX思考

文脈思考

ChatGPT

シナリオ
プランニング

インテグラル
理論

現実世界への洞察

バリューベースパッキングと
リーダーシップ

ポスト
キャピタリズム

Miro対話

テクニカル

個人 ──────────────── 組織

変容するファシリテーション

システム思考

心と体

プロセス
ワーク

マインドフルネス

ポリヴェーガル
理論

共有ビジョン

ビジョン

ニーズ

ビジョン

愛・パワー・パーパス

内面開発

U理論と
メンタルモデル

成人発達理論

ネガティブケイパビリティ

IDGs

組織開発と
免疫マップ

内面（主観）

U理論

■ 「過去からの学習」から「未来からの学習」への転換

変革やイノベーションという言葉が語られていない組織を探すのが難しいくらい今の社会やビジネスの環境は急速に変化しており、これまでの問題解決のアプローチでは対応できない課題が増え続けています。

進化し続ける人類にとって、これまでのどの時代も変化し続けてきたことには変わりありませんが、その加速スピードは、「未来の予測が難しくなる」という概念を超えて「未来を予測すること自体が意味を成さなくなる」領域にまで達しています。

例えば、金融機関は慣習的に3〜5年の中期経営計画を更新し続けていますが、これまでの過去5年を遡っても、パンデミック、戦争によるインフレ、生成AIによる仕事の置き換わりを予測できていた人はほとんど皆無でしょう。そのスピードはこれからさらに加速していき、「予測できない」が常態化していく世界で私たちはビジネスをしていくことになります。

■ U理論が示す変革の5つのレベル

PDCAに代表される「計画と統制」の手法は、未来を予測して「過去から学習」した経験を未来に反映させていくものですが、VUCAの時代にこれが有効にならないとしたら、私たちはどのようなマインドで変革に向き合えばよいのでしょうか。

U理論（Theory U）は、「過去の延長線ではない変容やイノベーションにどう向き合うか」という問いに対して「過去からの学習」ではなく**「出現する未来からの学習」という新しいパラダイム**を体系化したものです。第1章でも紹介したオットー・シャーマー博士らによる130人の

【図表2】 変革の5レベル

変革のレベル	課題	解決策	金融機関での対応例
1. 反応	課題の認知	課題への技術的対応	・SDGsウォッシュ(やってるフリ) ・コロナ禍での融資対応の大半
2. 再構造化	フォーカスする 現状認識を浮上させる	新たな構造と実践を創造する	・デジタイゼーション ・RPA導入等の効率化としてのBPR ・組織改革の大半 ・評価制度改革の大半
3. 再設計	広げる 異なる認識を感知する	新たな行動とプロセスを創造する	・デジタライゼーション ・非金融サービスの強化
4. 枠組みの再構成	掘り下げる対話 深い前提となっている枠組みを浮上させる	新たな思考と原則を創造する	・DX SX GX ・セルフマネジメント型への組織構造改革
5. 再生成	共有された認識 共通の意志を見出す	「我々のコミットメントはどこから来るのか」に耳を傾け、集合的に行動する	・価値を大切にする金融

(出所)『U理論〔第二版〕』(C・オットー・シャーマー著(中土井僚ほか訳)、英治出版)。「反応」の説明「金融機関での対応例」は著者作成

革新的リーダーへのインタビューによって得られた知見がU理論の原型となっています。

オットー・シャーマーは、変革には変化への適応としての外面の表面的な反応で行うものと、内面の深い源から行うものがあるとし、それを変革の深さを示す5つのレベルとして整理しています(図表2)。

この枠組みに従うと、金融機関が行っている改善や変革の行動の大半が「1. 反応」「2. 再構造化」であることがわかります。

このレベルは変革といっても過去のやり方は基本的に変えることなく、優先順位を変えたり、仕組みを導入したりすることで、業務の効率化をしているにすぎません。本業の預貸業務の収益力低下を補うために多くの金融機関が取り組んでいる非金融サービスは「異なる認識を感知する」という意味では、「３．再設計」に該当します。ただし「本業で収益が上がらないから」という理由だけでその取り組みを行っているとすれば、それは「１．反応」に当たるかもしれません。

　反応のレベルでの取り組みの多くは、その場しのぎの対症療法でしかなく、持続的で本質的な変化をもたらすことはありません。

　デジタル化の対応であってもデジタイゼーション（紙をなくすなど、アナログデータをデジタルデータ化すること）や、デジタライゼーション（電子稟議など、個別の業務プロセスをデジタル化すること）は「３．再設計」より浅いレベルの変革です。

　そこから一歩踏み込んでDX（デジタル・トランスフォーメーション）やSX（サステナブル・トランスフォーメーション）が文字としての「X＝トランスフォーメーション」を実践していれば、「４．枠組みの再構成」より深いレベルの変革になります。このレベルではそれまでのビジネスが前提としてきた枠組みさえも手放して、その枠組みそのものを再定義させていこうとするプロセスです。ここでは、組織にこれまで刻み込まれていた現実認識を塗り替えて、新たな現実を作り出す覚悟が試されることになります。

　オットー・シャーマーが変革の５つのレベルで最も深いレベルにあるとしたのが、「５．再生成」と呼ばれるものです。ここでは「集合的（コレクティブ）な行動」と表現されるところにポイントがあります。ここで定義される変革とは、特定のリーダーがトップダウンとして行うものではありません。リーダーが組織を超えた多様なステークホルダーを巻き込んで「自分たちが何者として何事を成す存在なのか」という本質的な目的を探究することによって実現します。

　これこそが冒頭で示した「未来からの学習」から立ち上がる変革につながるのです。

■ Uプロセス

それでは、より深いレベルの変革とは、どのように実践されていくの
でしょうか？

それをオットー・シャーマーは、Uの字の形をしたUプロセスとして
表現しました（図表3）。**Uプロセスは大きく分けて7つのフェーズを
経ていく**ことから、しばしば「Uの旅」とも呼ばれます。

1 ダウンローディング（Downloading）

自分や世界をありのままに捉えることをせず、経験によって培われた
過去の枠組みの世界を捉えている状態です。この状態は世界を見ている
ようで、実は自分の頭の中に意識が向いています。

2 観る（Seeing）

既存の思考パターンや前提から自分を解放する段階です。自分が持っ
ている固定概念や先入観をいったん取り払うことで、新しい視点や可能
性の扉を開くことが可能となります。

3 感じ取る（Sensing）

周囲の環境や他者の声に耳を傾け、共感する力を育てる段階です。こ
れにより、問題の真の本質や深層を捉えられます。

4 プレゼンシング（Presencing）

内なる自己と深くつながり、直感や本質的な声に耳を傾ける段階です。
ここで新しい洞察やアイデアの種が出現します。

5 結晶化（Crystalizing）

自分の器を通して出現しようとするものを表現していく段階です。こ
こでは、「考える」ことよりも「感じる」感覚にまかせて内側から浮か
び上がってくるアイデアが結晶のように立ち現れてきます。

6 プロトタイピング（Prototyping）

新しいアイデアや解決策を形にする段階です。実際に行動に移し、実
験的に試行錯誤を繰り返すことで、アイデアを磨き上げるプロセスです。

7 実現する（Realizing）

プロトタイプをもとに、具体的な行動や実践を拡大し、変革を実現す

るフェーズです。

【図表3】Uプロセスのイメージ

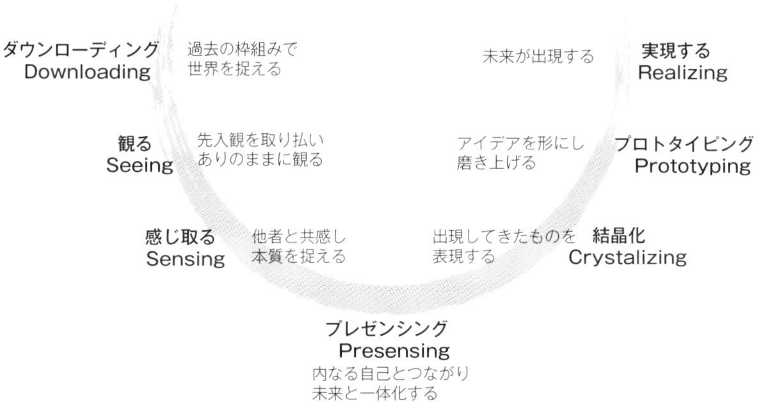

ダウンローディング　過去の枠組みで　　　　　　　　未来が出現する　　実現する
Downloading　　　　世界を捉える　　　　　　　　　　　　　　　　Realizing

　　観る　　　　　先入観を取り払い　　　　アイデアを形にし　プロトタイピング
　　Seeing　　　　ありのままに観る　　　　磨き上げる　　　　Prototyping

　感じ取る　　　　他者と共感し　　　　出現してきたものを　結晶化
　Sensing　　　　本質を捉える　　　　表現する　　　　　Crystalizing

　　　　　　　　　プレゼンシング
　　　　　　　　　Presensing
　　　　　　　　　内なる自己とつながり
　　　　　　　　　未来と一体化する

　U理論は、さまざまな領域での変革を表現しています。個人の成長や
自己啓発、チームや組織の変革、さらには地域や社会全体の再生に至る
まで、広範に適用し得るものです。
　例えば、以下のようなシチュエーションでU理論のアプローチが有効
とされています。

・変革のプロジェクトや社会運動の立ち上げ
・組織やチームの文化変革
・社会課題や地域の再生に取り組む際の新しい視点や方法の探求
・ビジョンやパーパスの探求

■■■　**金融業界でのU理論の実践**

　「価値を大切にする金融」という概念も、リーマン・ショックによっ
て金融ビジネスの限界が露呈したことを受けて、出現する未来から導か
れる金融の姿を探求するリーダーたちの対話・内省のUプロセスを経て
出現したものです（第1章「GABVの誕生」参照）。ＧＡＢＶが提供す

るリーダーシップ開発プログラムである「リーダーシップ・アカデミー」
も、U理論をベースとして実施されています。

　私たちが実施している人材開発プログラムであるSHIFTのプログ
ラムも、U理論の考え方を適用して以下のような実践を行っています。

1 コーチング

　SHIFTでは、コーチングの基礎的なトレーニングをプログラムの
一部に取り入れています。一人ひとりのリーダーとしてのチャレンジを、
メンバー同士でともに学び、振り返る時間を持つことで、深い洞察や学
びを共有しています。

2 対話の実践

　対話とは、参加者が互いの意見や経験を尊重し、お互いに深い理解や
共感を育む方法です。SHIFTでは対話をサポートするファシリテー
タの開発や実践のトレーニングを実施しています。対話の考え方につい
ては本章の9でも触れています。

3 マインドフルネスや内省

　自分自身と対話し、内なる声に耳を傾けるための時間を持つことは、
深い洞察によって本質的なアイデアを見つけ出す助けになります。SH
IFTでもセッション中に内省の時間を多く設けています。

4 プロトタイピングの実践

　失敗を覚悟して新しいアイデアや解決策を小規模で実践し、その効果
や改善点を探ることで、大きな変革に踏み出す手がかりを得ます。SH
IFTで行っている毎月のベースキャンプ・セッションごとのコミット
メントは、プロトタイピングの実践です。

成人発達理論

■ 成人発達理論が示す大人の発達段階

　成人発達理論が示す垂直的成長と水平的成長の違いについては、第1章で説明しましたので、ここでは、「器の成長」と呼んでいる垂直的成長とはどのようなものかについて説明します。その参考となるのが、ロバート・キーガンが示した「環境順応型知性」「自己主導型知性」「自己変容型知性」の3つの段階を経て成長していくという概念です。

■ 環境順応型知性

　「環境順応型知性」を持つ人は、集団の一部としての自己の役割をきちんと理解し、自己を他者に調和させることに重点を置きます。「環境順応」という文字のとおり、価値観や信念が、他者や社会・集団の環境に順応させようとして強く影響を受けている状態です。この段階にいる人の仕事の目的は自分が属するコミュニティの一員として「役に立つ」ことです。

　バンカーが役に立とうとする対象は「（自分が所属する）部門収益」「（所属している）金融機関」「（自分が担当する）顧客」などになります。より大きなコミュニティを意識すると「地域のため」「国のため」へと拡大していく場合もあります。また、ほとんどの人は、仕事を離れて最も身近なコミュニティとしての「家族」や「パートナー」に役に立つことにも重点を置きます。仕事では大きな責任を負いながらも、半径5m以内にいる人々を気遣うことは、いうまでもなく大切なことでしょう。

　「環境順応型知性」を持つ人は、他人の意見や期待に応えようと、**周りに気を遣い、なんとか嫌われないようにと自分の居場所を確保しよう**とします。こうして、他人の気持ちを推し測り、場の空気を読む力が備わっていきます。ときには、自分が本当は「黒」と思っていても、周り

にあわせて「おっしゃるとおり白ですね」と八方美人的な発言をしたり
します。

　バンカーとして出世してポジションを得ていく多くの人は、この環境
順応型知性を存分に発揮します。私はたくさんのバンカーと接するなか
で、彼らの自己紹介の仕方にある共通点を発見しました。就職したばか
りの新人は、「○○支店営業課の○○です」と自己紹介をします。彼ら
は与えられた仕事をしっかりこなすことで、その部署での居場所を確保
しようとしています。しかし何年か経ち、自分が支店を背負っているとい
う意識を持つようになると自己紹介から部署名がとれて「○○支店の
○○です」に変わります。支店長ともなると「○○支店の支店長をやっ
ている○○です」となる場合もあります。

　さらに、より仕事の幅が広がり銀行を外からも見るような視点が芽生
えると、今度は自己紹介から部署や役職名が消えて「○○銀行の○○で
す」となります。出世して仕事のポジションが大きくなっていくととも
に名前の前につく言葉は変容していきますが、どの段階においても、自
分が所属し役に立とうとし、そして順応もしている自身の居場所をあた
かも苗字のように頭につけて"自己紹介"をします。これは、**所属して
いる組織が、その人のアイデンティティ**と化していることを表していま
す。

　環境順応型知性を持つ人の組織と私の関係を同心円で表すと、組織や
コミュニティ（例えば銀行）が外側の円にあり、その内側に「私」が存
在している状態です（**図表４**）。
　しかし、環境順応型知性の中でキャリアを終え、退職したときに自分
の居場所を失って苦悩する人は多く存在します。

【図表4】所属している組織がその人のアイデンティティの場合

組織

私

■■■ 自己主導型知性

　ロバート・キーガンによると、成人の50～70％が環境順応型知性にとどまっているとされています。

　しかし、周りに合わせて居場所を確保し、環境順応型知性を極めた人の中から「自分は何のために働いているのだろう？」という問いに駆られる人が現れます。それまで蓋をしてきた「自分」という存在を無視できなくなるのです。「環境順応型知性」を持つ多くの人は、人生の中で「ありのままの自分」である時間を、リタイア後へと先送りしたり、仕事とプライベートを切り分けるためワーク・ライフ・バランスの確保に努めたりします。ただ、そう言い聞かせたとしても、「働くこと」と「生きること」を区別することはなかなかできません。働いている自分も生きている自分であり、それを区別することは、本当は成し得ないからです。それは大いなる葛藤の始まりです。**周りに合わせていくことで得られる安全と、我を通すことで起こりうる嫌われる恐怖との矛盾に向き合い始めます**。しかし、その葛藤にとどまることこそが、ありのままの自分を受容し、もう一つ大きな器を手に入れるための大切なプロセスになります。

　そして、あるとき会議の席でみんなが「白」といっている中で、おそるおそる「実は、私には黒く見えるんです」と発言します。その人が自己主導型知性を手に入れた瞬間です。

　ロバート・キーガンによると自己主導型知性はそこへ向かう葛藤の途

上にある人も含め成人の20〜40%が対象とされています。自己主導型知性を持つ人は自己の視点を形成し、自己の価値観を手に入れます。この段階では、人は他人の期待や社会的な圧力に影響されることなく自分の信念に基づいて行動します。

　自己主導型知性を持つことは、単にワガママになることではありません。自分の信念と他人の信念とを対立させずに存在させることができる「器の大きいワガママ」になります。それは他人の立場にも立って多様な視点から考えられる環境順応型知性を経てきている証でもあります。他人のことを知り、感じ取ったうえで、ひと回り大きな自分として、自分の意思を表明できるようになるのです。

　自己主導型知性は「自己著述型」と表現される場合もあります。これは、自分が持つ唯一無二の価値観を自分の言葉にして発することができ、それによって周りを巻き込んでいくリーダーになっている状態です。つまり、他人が作った脚本ではなく、自分の人生の脚本を自分で著述することができるのです。
　先ほど、バンカーの自己紹介の仕方が変化していく事例を述べました。自己主導型知性を持つリーダーが発する自己紹介の主語は「当行は」「当社は」ではなく、「私は」になります。それは、プライベートだけではなく仕事のシーンにおいても同様です。そのとき、組織と私の関係を示す同心円の内側と外側が入れ替わり「私」は「組織」の外にある、より大きな存在として置かれます（図表5）。

【図表5】自分自身がアイデンティティの場合

皆さんも、試しに会議や交渉などの組織を代表して話すシーンで、「当行は」ではなく「私は」と言い換えてみるとよいと思います。少しドキドキすると同時に、言葉の持つパワーの大きさに気づくはずです。ちなみに、「私は」と話す経営者と「当社は」と話す経営者を比較すると、「私は」と話す経営者のほうが、圧倒的にパフォーマンスが高いという調査もあるそうです。

JPBVが大切にしている「価値を大切にする金融」を実践するリーダーは、少なくとも自己主導型知性を手に入れることを目標としています。なぜなら、「価値を大切にする金融」とは環境変化を予測してそれに適応・順応させるものではなく、願う世界を未来に存在させるために金融を手段として活用しようとする考え方であるからです。そのリーダーは自分で未来のシナリオを書いていく知性が求められます。

■■■ 自己変容型知性

ロバート・キーガンが提唱する大人の発達段階にはまだ先があります。自己主導型知性では仕事と自分が統合された強い信念を手に入れていますが、その思いが強ければ強いほど、その信念に囚われてしまい、それを自分で超えていくことができなくなるという壁を作ります。しかしある日、対立する敵であるかもしれない人の意見さえ慈愛を持って受け入れられたとき、あんなに自分が大切にしていた信念さえ手放し、自分で自分を超えていく状態に達したとき、人は自己変容型知性を獲得します。

自己変容型知性は高度な発達段階であり、すべての人が到達するわけではありません。ロバート・キーガンによるとその比率は成人の1％程度とされています。この段階では、個人は自己の価値観を超えて他者の視点を完全に理解し、包含することができます。自我と他者の境界がより流動的になり、自己と他者、そして社会的なシステム全体との間の相互依存性を理解している状態になります。

あらゆるシステムや秩序は完璧でないということを理解しており、それらに対して慈愛を持って見守ることができています。こうした知性を

持つ人々は、相反する考えを調和に導いていきます。

　自己変容型知性を持つ人は視点を未来の世代や環境全体にまで広げ、**対象と自己を切り離さず一体のもの**として考えます。「私」と「世界」の境界が消失し、一体である全体のものとして見ています（図表6）。そして、そのことによって他者を幸せにし、同様に人生の中で自分の幸せを獲得しているのです。

【図表6】私と世界が一体の場合

私＝世界

　世界で「価値を大切にする金融」を実践してきた金融機関の中には、この自己変容型知性を体現しているリーダーがいます。
　かつてドイツのGLS銀行のCEOだったトーマス・ヨルベルクはこのように発言しています。

「融資というものは、人の命を損なうこともあるし、救うこともある。私たちの役割は社会に社会面、環境保護面、文化面でポジティブな発展をもたらすような方法でお金を使い、投資をするということでした。この当初の考え方はまさに、お金は社会を形作るために使うべきだということでした」

　「価値を大切にする金融」を実践している金融機関は、市場の中での競争優位を確保するために、顧客を選別するという戦略をとりません。すべてのステークホルダーと共創しオープンで包括的な戦略をとろうとします。そのためネガティブな情報を含めて、すべてのステークホルダー

に透明に開示します。

　日本の金融機関では想像しにくいことですがＧＬＳ銀行などＧＡＢＶメンバーの金融機関のいくつかは、どこに融資をしているかという企業名を預金者に開示しています。そのような変革への取り組みは自己変容型知性を持つリーダーたちから出現したのです。

■■■　金融機関の水平的成長偏重依存からの解放

　ここまで、ロバート・キーガンが提唱する垂直的成長について３段階の成人の発達段階に即して説明してきました。誤解がないようにお伝えすると、バンカーが水平的成長として知識やスキルを高めていくことはこれまでもこれからも、重要であることは変わりません。ただし、**垂直的成長を遂げずして水平的成長だけを高めていくことは、これまでのパラダイムの延長線上にそのまま金融機能を高度化していくことでしかありません**。

　高い知識やスキルという能力を身につけているはずの金融業界の内部から変革が起こりにくいのは、この水平的成長に偏重した能力開発にも原因があります。ＶＵＣＡの時代に突入した今の金融のリーダーに求められていることは、その先の未来を描いていくことです。

　組織の変革は、**水平的成長**で手に入れた知識や経験と、願う未来の実現に向けた意思を持つ**垂直的成長**との**両方が掛け合わさる**ことによって成し遂げられるのです。

第2章

3

メンタルモデル

■■■ 私たちの行動を制約するメンタルモデル

　「メンタルモデル」とは、個々の人々あるいは組織の奥底にある固定化されたイメージやマインドのことをいいます。ピーター・センゲは著書『学習する組織』の中で「メンタルモデルとは世の中とはこういうものだという心に染みついたイメージ、つまり慣れ親しんだ考え方や行動に私たちを縛りつけるイメージ」であると説明しています。この**決めつけが、私たちの思考の枠組みを支配**しています。

　多くの場合、「メンタルモデル」は心の奥深くの無意識・無自覚な見えない領域に存在しているので、普段の仕事や生活の中で気にすることはありません。自分のメンタルモデルに向き合うためには、内省や対話のプロセスが欠かせません。

　メンタルモデルは、個人だけではなく、組織や、地域、国や民族にも存在します。

　例えば、日本のバンカーには「能力が高く優秀でなくてはならない」というメンタルモデルが存在しています。多くのバンカーは学生の頃から、人より頭が良くなくてはならないという学力の競争で勝ち抜いてきた人たちです。そして、金融機関に入ってもその能力によって評価され続けます。それが長い時間続くと**「能力がないとバンカーとしての価値がない」という恐れ**の思考に支配されます。

　「バンカー」はコンサルティングやアドバイス能力を高めて「顧客の先生」として顧客を指導することに躍起になる傾向があります。このため、DXが進展しテクノロジーを活用したオープンな連携が求められていながら、多くの金融機関は外部連携にいまだ消極的です。自前主義を貫き、地域や社会で金融機関としてのポジションを守り続けることにど

うしても執着してしまいます。

　メンタルモデルは、外れにくいメガネのように視点を固定化し、他人の行動を定義づけ、自分の行動にも理由づけをします。多くのバンカーには「どこに融資してもよい」「どこに融資してはいけない」という無意識の固定観念が文書化されている融資基準とは別に形成されます。金融機関が狭く限られた顧客セグメントの中で過当競争をしてしまう「日本型金融排除」の問題も長年不良債権問題に対峙し続けて形成されたメンタルモデルによる金融機関の行動であるといえるかもしれません。

　メンタルモデルは無意識の領域にある見えにくいものでありながら、意思決定の深いところで影響を与えます。金融機関がスタートアップ企業、ＮＰＯ、外国人、シングルマザー、ＬＧＢＴＱに対する融資に積極的になれないのも、メンタルモデルから来るアンコンシャス・バイアス（無意識の偏見）が影響しています。

　金融機関が本質的なイノベーションを成し遂げていくには、組織に存在しているメンタルモデルを自覚し、メガネを外して、現在と未来に対して新たな視点を持っていくことが不可欠です。

■■■ 「左側のセリフ」を用いたメンタルモデルの探求

　それでは、無意識の領域にあるというメンタルモデルに私たちはどのようにして気づけるのでしょうか？

　ここでは、ハーバード大学名誉教授で組織行動科学者、クリス・アージリスが用いている「左側のセリフ」という手法を紹介します。

　やり方はとてもシンプルです。実際に言葉にして話していることを右側に書き、その左側に「心の中のセリフ」を書いていくという方法です。マンガのキャラクターが声に出しているセリフが書いてある吹き出しが、右側のセリフだとしたら、心の声の「点・点・点・丸」が左側のセリフです。

　例えば、支店長と渉外担当者の会話を再現した右側・左側のセリフは

図表7のようになります。

【図表7】左側のセリフの実践方法

支店長が心の中で感じ、考えたこと	実際に交わされた会話
 心の中のセリフ	 実際のセリフ
お前の上司は、あの交渉は甘かったって言ってたぞ。	支店長：この間紹介した、今日のA社との交渉はどうだった？
どれほど、ひどい交渉だったか本当に自覚してないのかな？　それとも、それに向き合うつもりがあるのかな。	渉外担当：はい、まだ社長はうちで借りるかどうか悩んでいるみたいでした。
次が大事なはずなのに、反省ってことをしないのか、こいつは……。	支店長：そうか、この後の作戦とか考えてるの？
こいつ、びびってるな。交渉がうまくいかなかったら、紹介を取り継いだ俺の面目も丸つぶれだな。	渉外担当：はい、ただ相手の状況もあるので、あまりせっつくのは良くないと思っています。
こんな感じだと、自分が出ていって交渉したほうがいいかもしれないな。	支店長：そうかもしれないが、ただ待っているだけより、するべきことあるんじゃないかな？

　「左側のセリフ」のポイントは、作成後に支店長自身が自ら内省と探求をすることにあります。支店長は、この渉外担当者に対して、いろいろな前提を置いて憶測しています。

　例えば、支店長は担当者に対して「自信に欠けている」「自分に向き合えていない」「行動力がない」という決めつけを行っているようです。上司から、交渉が甘かったという報告を聞いているのに、それを切り出すとさらに担当者を「自信喪失」させてしまうかもしれないという気遣いさえ感じます。勇気を持って切り出したにもかかわらず、担当者は、

相変わらずのらりくらりとしているので、やっぱり、「自分に向き合えていないんだな」「行動力がないんだな」という決めつけをしています。そして、支店長は言いたいことをひとことも言わずに、はっきりしないままで会話を終わらせてしまいました。

　さて、ここで（担当者ではなく）支店長が向き合うべきことは、何でしょう。支店長は心の中に、<u>前提としてどんな決めつけがあったかを内省し探求できるでしょうか</u>。この会話の中で支店長は担当者に対して「自信に欠けている」「自分に向き合えていない」「行動力がない」と決めつけています。しかしよく観察するとこの会話をしている支店長本人が「自信に欠けている」「自分に向き合えていない」「行動力がない」状態そのものです。

　ここで支店長が担当者に「自分に向き合えていない」いう決めつけをしてしまう思考は、支店長の過去の失敗やつらい思いをした経験を反映している可能性があるのです。

　この状況で支店長が内省すべきことは、担当者に貼っているレッテルをいったん取り払って、交渉はどんな感じだったのか、相手は支店長である自分に何を期待しているのかについて感じ取ることかもしれません。

　メンタルモデルでは自分が行っている「決めつけ」に気づくことが大切です。そして、その決めつけを手放して感じてみることです。この例でいうと支店長は（担当者ではなく自分に）「自信に欠けている」という決めつけに対して「本当にそうだろうか」と立ち止まって観察してみることです。

　ここで注意すべきことは、メンタルモデルを良くないものとして、自分を追い込まないことです。<u>「内省」は「反省」ではなく、ダメな自分を頑張って克服しようとする必要もありません</u>。むしろ、幽体離脱するように自分から抜け出して「決めつけを行っている自分自身」が登場している映画を観客になって眺めるような感覚に浸ることが大切です。そして、その<u>決めつけに従って頑張って生きてきた自分を許してあげる気持ちにも浸る</u>ことです。

内省や探求は自転車に乗る練習のようなもので、習慣にしてしまえば、誰でもできるようになります。大切なことは、理屈はともかくまずはやってみることです。先ほど紹介した「左側のセリフ」は代表的な内省の手法です。

■■■ 痛みの分離から統合へ

『ザ・メンタルモデル　痛みの分離から統合へ向かう人の進化のテクノロジー』(内外出版社)の共著者である由佐美加子さんはこの本の中で、メンタルモデルとは人間が必ず体験する痛みを回避しようとするために「自分は○○だ」という自分自身やこの世界に対する"判決"のような信念・思い込みであると表現しています。

由佐美加子氏は、そのメンタルモデルを次の4つに分類しています。

A　価値なしモデル「私には価値がない」
B　愛なしモデル「私は愛されない」
C　ひとりぼっちモデル「私は所詮ひとりぼっちだ」
D　欠陥欠損モデル「私には何かが決定的に欠けている」

読者の皆さんも、この4つのどれかに該当するメンタルモデルを必ず持っています。

しかし、決してその存在を認めたくない人もいるでしょう。

例えば、「私には価値がない」というメンタルモデルを持っている人は、人生をかけて地位や収入を手に入れることで、「私には価値がある」ということを証明しようとします。しかし、その人はどれだけの地位や収入を手に入れようとも、「まだ足りない」という不安にかられ続けます。

「私は愛されない」というメンタルモデルを持っている人は、自分を愛してもらうためにひたすら自己犠牲的に相手に愛を与えようと奉仕をし続けて結局疲れてしまいます。

これらは、人生の「痛み」を感じないようにするために、なんとか自分のメンタルモデルを克服しようと試みながらも、不本意な現実を繰り

返してしまう行動です。

「統合」とは、メンタルモデルを「克服」することを手放し、それを含めてありのままの自分を「ああ、そうなんだね」「それで、いいんだね」と自分の大切なリソースの一部として生きていく選択をすることです。それは、本当の自分を生きるという選択でもあります。

筆者である私は、「ひとりぼっちモデル」に心当たりがあります。共働きで両親があまり家にいない家庭で育った私は、「自分は結局人とは深い人間関係を築くことはできない、いつかみんな自分の元を去っていくに違いない」という深い思い込みが形成されました（それを認めるまでには、相当の内省が必要でした）。

私は今では、「ひとりぼっち」というメンタルモデルを克服しようなどとは考えておらず、むしろそれがあることを自分の中に統合し、それをエネルギーにして、仕事や生活ができています。寂しがりやのくせに一匹狼として独立起業できているのもそれを受け入れられたからだと感じています。

プロセスワーク

■ 無意識の領域に光を当てるプロセスワーク

私たちは、何かを捉えるときに、私は○○だ。銀行とは○○だ、世界とは○○だ、というように無自覚・無意識に決めつけを行っています。前節で紹介したメンタルモデルもその一つです。それは、アイデンティティや思考の枠組みといわれるものですが、その行為自体は本来人間として必要な機能の1つです。毎日出会うもの、出会う人、見るものに対して、いちいちはじめて見るように「これはなんだろう？」と考えていたら日常生活を送ることはできませんし、そもそもそれらの情報のすべてを処理する能力は人間の脳にはありません。

とはいえども、自分の思考の枠組みだけから見ている世界は、ものごとの全体を表していません。それは、見たくないものに対して自分で壁を作っているだけで「そこに存在している」ことには変わりがないからです。私たちがそのような壁を作ってしまうのは、その壁の向こうにあるものは、自分を苦しめるものであったり、葛藤や不安定をもたらしたりするに違いないと信じ込んでいるからです。そのようにして、あるものをないことにしたり、否定したりすることによって安定・安寧な状態を私たちは手に入れているのです。

私自身の事例を示しましょう。私はビジネススクールで講師として登壇するとき、受講生に向かって、「先生と呼ばなくていいですよ」「上下関係なくフラットにやっていきましょう」とよく言っていました。講義中にときどき、頭がよさそうな受講生からは講義内容の上をいく難しい質問を受ける場面があります。そのとき、私はオロオロしないようにと、必要以上に言葉が多く早口で取り繕ったような回答をしてしまいます。

このときの私は「先生と呼ばなくていい」「上下関係なくフラットに」という自分の宣言とは裏腹に講師としての威厳を保とうと必死です。心臓の鼓動が高鳴っており、それを抑えようと手で腕の部分をせかせかと擦っていたりします。おそらく受講生からは、無能であることがバレないように取り繕っている状態が見透かされているんだろうと思います。

このような体験が重なっていたので、私は内省してみることにしました。そして、気がついたことは私の中に「**本当は先生として尊敬されたい**」「**受講生を見下している**」という意識が根深いところに存在していることでした。さらにいえば、その意識の奥には「先生と呼ばれるような価値を自分は発揮できていないかもしれない」という恐れとも向き合うことになりました。

プロセスワークは、私たちに存在していないことにしている壁の向こう側を案内し、その人に全体性を生きる入口を提供するものです。壁の向こうにいるのは、控え室で出番を待っている別のキャラクターを持つ自分という存在です。その人が登場するとあなたは、「まだ生きられていない人生」を生きる可能性が拓けていくというように考えるのです。プロセスワークとは、人が気づいていない自分や組織や社会の可能性を解放していく手法です。

プロセスワークは、アメリカのアーナルド・ミンデルという心理学者が私たち自身の意識の深部に潜む力を引き出すためのアプローチとして開発したものです。ユングの分析心理学に由来を持つ「プロセスワーク」は夢分析、身体症状、対人関係、グループダイナミクス、社会的な問題まで、あらゆる事象に焦点を当てたアプローチを提言しています。

■ 1次プロセス・2次プロセス

プロセスワークを理解するときに重要なキーワードとして「1次プロセス」「2次プロセス」「エッジ」があります。

「1次プロセス」とは、日常の中にある自分自身が慣れ親しんだ意識状態やエネルギーのことです。

例えば「あなたはどんな人ですか？」と聞かれて、私は「比較的やさしい人だと思います」と答えたとします。このように、自分に対して「やさしい人」と認識している自己のアイデンティティが、1次プロセスです。私自身の例でいうと「誰にでもフラットに接するやさしい先生」というのが1次プロセスです。

「2次プロセス」とはその逆で、自分では認めていない、または存在しないことにしているところにある意識状態やエネルギーを表します。

存在しないことにしていても無意識の領域には存在しているので、本人が意図しないところで身体の反応や醸し出す雰囲気として漏れ出たりすることがあります。

例えば、職場ではやさしくオープンな上司として振る舞っている人が、話しながら腕を組んでいたり、ふとしたときに冷めた表情が見え隠れしたりすることがあります。これはシグナルとも呼ばれるもので、1次プロセスとしての言動と2次プロセスとしての態度にズレがあるため接する人は混乱し、ときどき人間関係のトラブルに発展します。

皆さんの人生を振り返ってみましょう。「頑張ろうとすれば空回りしてしまう」「仲が良い人との人間関係に疲れてしまう」「大事な仕事の時に限って遅刻してしまう」、そんなことが起きているとすれば、それは存在していないことにしている「2次プロセス」が引き起こしている可能性があります。

2次プロセスを発見する簡単な方法は自分が「苦手としている人」の特徴を観察することです。自分ではないことにしている本当の自分（2次プロセス）が、目の前に現れると「自分はこうではない」と言い聞かせるように、その人に投影してしまうのです。

例えば、私は「人を見下すように話す人」が近くにいるだけで居心地

が悪いという苦手意識を感じます。しかしそれは、本当は「人を見下している」ことが自分の中にもあるという事実を決して認めたくないのでその人に投影していることになります。このときに陥りがちなのは「人を見下している」というあなたが勝手に決めつけていることをその人の性質だと思い込み、相手の本当の姿を見失ってしまうことです。

■■ エッジ

　エッジとは、1次プロセスと2次プロセスを隔てている境界線のことをいいます。

　エッジは「こうでなくてはならない」「そこから先へは踏み入ってはいけない」というように自分のアイデンティティを保つギリギリの限界点として存在しています。エッジは、その人の人生でのいろいろな体験を経て手に入れた信念によって形成されてきたものです。

　「人を見下してはいけない」という信念を持っている人は、それは、私が過去に誰かに見下されていたというつらい経験によって形成されている可能性があります。エッジは、1次プロセスである自己のアイデンティティを保つうえで大切な役割を果たしています。

　しかし、もしエッジを超えていければ、仕事や人生の中で未知の可能性が開かれていくチャンスを手に入れられます。マルチにどんな役でもこなせる俳優のように、無意識の領域にあるエネルギーを自分にとってポジティブなものに活用できるようになります。**人間が持っているどんなエネルギーにも良い悪いはなく、うまく使えば人生のどこかで役に立つ**ものです。やさしい人には厳しさも必要ですし、厳格な人は、自分を緩めることも大切です。これは、さまざまな人格のバランスをとるということではなく、どちらの力も上手に扱えることで人生や仕事の可能性を開いていきます。

インテグラル理論

■ インテグラル理論のクワドラント

　心理学界のアインシュタインともいわれるケン・ウィルバーは、人間・組織・社会・世界を統合的に捉えるというビジョンに基づく「インテグラル理論」を提唱しました。インテグラル（Integral）には「統合」や「全体性」という意味があります。

　インテグラル理論は「万物の理論」と言われるぐらいに普遍性を持つ深淵なものなので、関心を持った方はいくつかの書籍をたどってみることをお勧めします。ここでは、その理論の中心にある「クワドラント」と呼ばれるフレームワークを中心に説明します。クワドラントは縦軸を「個人と集団」、横軸を「内面と外面」に区分して表現する4象限の表現方法です（図表8）。

　まず、クワドラントの上半分、個人の領域を見てみましょう。

【図表8】クワドラントの4象限

	内面（主観的）	外面（客観的）
個人	〈私〉 感情や意識	〈それ〉 行動
集団	〈私たち〉 組織文化・倫理	〈それら〉 構造・規則

左上は〈私〉である個人の主観的な感情や意識を表す内面の部分です。例えば、バンカーであればその人の中にある「何を大切にして金融機関で働いているか」という意識のことです。その意識は「出世したい」や「地域に貢献したい」など、いろいろの価値観から形成されているでしょう。

　そして、右上の〈それ〉はその個人が起こしている客観的に観察できる人々の行動や態度を示しています。皆さんであれば、営業活動やそれによって得られる業績などの成果がそれに該当します。

　下半分の集団の領域も同様に内面と外面で区分されます。左下の〈私たち〉は企業でいえば組織が作り出す文化や倫理です。皆さんが職場で感じている空気感や同僚と大切にしている価値観も〈私たち〉の要素です。

　右下の〈それら〉とは、その集団の外面として形作られている構造としての社会システムや法律などの規則や習慣を表します。皆さんが仕事で守らなくてはいけないルールや組織の構造がここに当たります。

　そして、クワドラントの〈私〉〈それ〉〈私たち〉〈それら〉は、**お互いに影響を与え合うシステムであり、どこか１つが変化すると、他の３つに対して影響を与えます。**

　皆さんが所属している組織のルール〈それら〉がガチガチであれば、皆さん〈私たち〉の職場では保守的でリスクをとらなくなるという組織文化が形成され、チャレンジを避けて、従順に振る舞う働き方の意識〈私〉がより強化されます。その意識の中では自分の思いを奥に隠して本当は「白」と思っているのに、「黒ですね」と発言してしまう行動〈それ〉として観測されます、というような感じです。

　クワドラントの４象限それぞれは、メガネをかけ替えるように一つの事象を異なる視点で観察するための入り口です。その４つのメガネに大小や優劣はありません。ウィルバーが訴えていることは、ある事象を捉えるときに、この４象限をそれぞれの因果を形成するシステムとして統

合して捉えることの大切さなのです。

　私たちが意思決定において誤った判断をしてしまうのは、**いずれかの視点に偏った見方をしてしまい、他の視点に光を当てようとしないこと**が起因しています。

　このクワドラントの4つの視点はシンプルでありながら、身近な人間関係から地球規模の社会課題にも応用できる、普遍的でとても奥深いものです。

■ 内面の変化が求められる金融業界

　ここ10年ほどの金融業界の構造変化や、その進化のために乗り越えるべき課題の本質も、このクワドラント（〈私〉〈それ〉〈私たち〉〈それら〉）を用いて捉えられます。

　金融庁は、その前身である金融監督庁の時代にクワドラントの右上〈それ〉の領域にある、金融機関の行動を管理・監督する役割の行政機関として設置されたものでした。各金融機関の利己的行動によって発生した不良債権問題を収束させるために、「金融検査マニュアル」に代表される規制や管理監督によって金融機関の行動を統制してきました（クワドラントの右下の〈それら〉）。

　そして、それらの施策が一定の成果を挙げた後、金融庁は金融行政本来の目的に立ち返ることになりました。2015年、森信親長官のときから、金融庁は金融機関を外から統制するだけでは、金融行政の目的を達成し得ないことに気づき始めます。

　当時発表された「金融行政方針」の中で、金融庁の存在目的が「企業・経済の持続的成長と安定的な資産形成等による国民の厚生の増大」であるという一文が加わりました。これはクワドラントの左下にある、〈私たち〉の倫理の領域に踏み込んだ内容でした。それは、管理・監督する金融機関のその先にある国民までを見据えて、政策を実施しようとする金融庁のあり方を再定義するほどのインパクトがあるものでした。

　さらに2018年に、次の金融庁長官に遠藤俊英氏が就任してから、金融

行政はさらにクワドラントの左側の領域に踏み込み始めます。左下の〈私たち〉にある「組織文化」や「（倫理としての）経営理念」に対して金融行政として正面から扱い始めました。この頃から、金融庁は「対話」や「心理的安全性」という、一見この業界にそぐわない言葉を使い始め、金融機関の真の理念経営の実現に向けた改革を促しました。金融機関に対して一方的に管理監督していたスタイルを手放し、2019年に金融検査マニュアルを廃止したこともこの潮流と呼応しています。つまり、この10年間の金融行政の転換は、**外面の変革の限界から内面の変革を統合したもの**として動いてきたものです。

　これまでの預貸金ビジネスモデルの限界を迎えていた金融業界の変化を促すために金融庁自らが起点となって動き始めたのです。

■ 「役割」を演ずる「バンカー」たち

　第1章でも触れたように、多くのバンカーは本来の自己を封印してバンカーという役割を演じるように仕事をしています。

　私はよく、金融機関向けの研修などで「本来の自分らしく月曜日の朝を迎えられますか？」という問いかけをします。

　そのときに、
「本来の自分を出してしまうと、パワハラをしてしまうかもしれないから怖い」
「仕事は給料を稼ぐために行っているのであり、割り切って役割を演じている」
という発言がしばしば返ってきます。

　私が知るある金融機関の経営者は「雇用契約として役割を与えているのだから、その役割に従って成果を出すために働くのが当たり前だ」とまで言い切ります。

　組織の役割に従って個人を従順にさせようとするこの構造が、この業界の人や組織の内面の成長をいかに阻害してきたことでしょうか。「使える・使えない」という言葉が多く使われる**能力主義をベースとした道具主義的な金融機関の構造が、むしろバンカーの内面の成長やそれを促す組織文化の醸成を阻んでいます。**

　今、金融機関の人材開発において求められるのは、クワドラントの左側である組織や個人の内面の開発であり、それらを統合して、右側の行動変容〈それ〉や、ガバナンスや組織の構造〈それら〉を再定義していくことです。

　その変革を促していくうえでクワドラントの左上の〈私〉への人材開発の取り組みはその起点となり得るものです。そのヒントは**「働くことと生きがいの統合」**をさせていくことにあります。つまり、「本来の自己」と「バンカーとしての役割を持った自己」が区分されず統合されていく状態です。それらの人たちで構成されている組織に一人ひとりの多様性を受け入れられることによって、未来から必要とされる「価値を大切にする金融」へ変革が促されていきます。

　金融業界はいよいよクワドラントの右側にある外面に偏った見方の限界に気づき、内面の開発によって統合的な視点を手に入れなければいけません。人材開発の領域も、いよいよその転換が起きようとしており、ＳＨＩＦＴの人材開発の取り組みもそこに焦点を当てています。

IDGs

■ 2030年までにＳＤＧｓの目標は達成できるか？

　ＳＤＧｓ（持続可能な開発目標）についてはもう説明は不要でしょう。2015年に国連サミットで採択された、2030年までに持続可能でよりよい世界を目指すための国際的な目標のことです。皆さんが所属する金融機関でもＳＤＧｓに賛同して実際に活動を行っているところも多いと思います。目標に定められている17の目標はどれをとっても未来の人類の存続に関わる切実な課題です。

　その期限が2030年までと迫っているなか、その目標達成は実現するのでしょうか？　「持続可能な開発ソリューション・ネットワーク（ＳＤＳＮ）」はＳＤＧｓの国際的な進捗状況を示すＳＤＧｓインデックスという指標を発表しています。グローバルでの状況は2015年から2019年までは、ゆっくりとしたペースで目標達成に向けて進展していましたが、2019年以降は新型コロナウイルス流行でスコアが減少に転じました。図表９を見ると、2030年までに目標であるＳＤＧｓインデックスが100に達するには、全世界が一体となって取り組むような、急激な転換がない限り困難な状況であることがわかります。

　日本のインデックスも「ジェンダー平等」（目標５）、「つくる責任、つかう責任」（同12）、「気候変動対策」（同13）などで「深刻な課題がある」とされています。インデックスの世界ランキングでも2019年の15位から、2022年は21位と徐々に日本はランクを下げています。

【図表9】 ＳＤＧｓインデックスの推移

SDG Index world average: pre-pandemic trend and trend needed to achieve the SDGs by 2030
SDGsインデックスの世界平均：パンデミック前の傾向と2030年までにSDGsを達成するために必要な傾向

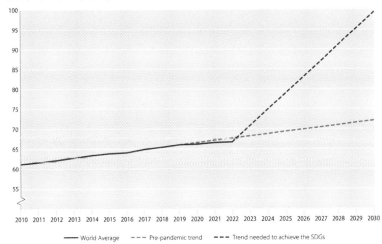

(出所) Sustainable Development Report 2023 (https://dashboards.sdgindex.org/chapters/part-1-how-to-achieve-the-sdgs-the-sdsn-framework)

■■■ ＩＤＧｓ誕生の背景

　このような危機的な状況にあるにもかかわらず、私たちがゴール達成に向けて舵を切れないのはなぜなのでしょうか？

　より画期的な技術開発が必要なのでしょうか？

　政治や社会、そして私たち企業のパワーが足りていないのでしょうか？

　もっと根本的で見えていない問題があるとしたら、それは何なのでしょうか？

　そのヒントとなるのが、本章5「インテグラル理論」の項でも紹介している**「組織や個人の内面に光を当ててみる」という考え方**です。

　これまで、ＳＤＧｓの達成に向けた取り組みの手法について議論されてきましたが、ＳＤＧｓを実践する"人"の開発について議論されることはありませんでした。そして私たちが目を向けるべきは、私たち自身の「内面」にあると考えた人たちによって始められた取り組みが**ＩＤＧｓ**です。

2021年の５月12日、約1,700名が世界中から集まった大規模のオンライン・カンファレンスが開催されました。「MindShift（マインドシフト）」と題したそのカンファレンスは、持続可能な世界を実現するために、私たちの内面の成長（Development）が必要不可欠だとして、Inner Development Goals（ＩＤＧｓ）と称する人間の内的な開発目標を体系化する必要性についての議論が行われました。そのメンバーには、本書でも紹介している『学習する組織』のピーター・センゲや、『U理論』のオットー・シャーマーなど、世界を代表する組織開発や心理学などの研究者が参加していました。そして、50を超える学術機関、組織、コスタリカ政府が参画するIDGsイニシアチブを設立し、集団の内面的変容を扱う研究者の知見を体系化したのです。

■■ ＩＤＧｓの５つの開発目標

　ＩＤＧｓイニシアチブでは、ＩＤＧｓの目的は「人類が直面するすべての地球規模の課題に内面成長の力をもたらすこと」としています。
　ＩＤＧｓの要点として示された５つの開発目標について見てみましょう（図表10）。

1 Being—Relationship to Self（自分のあり方〜自己との関係性）
　自身の内面（心）を耕しましょう。そして自分自身の考え、気持ち、身体とのつながりを育て深めることで、複雑なことに直面しても、反応的にはならず、「今ここ」に存在し、意図的でいられるようになりましょう。

2 Thinking—Cognitive Skills（考える〜認知スキル）
　認知スキルを伸ばすことは、賢く適切な意思決定のためには欠かせません。多様な視点を持ち、情報を評価し、世界を相互につながり合う全体として捉えましょう。

3 Relating—Caring for Others and the World（つながりを意識する〜他人や世界を思いやる）
　隣近所の人や未来の世代、生物が生息する空間全体など、他の存在に感謝し、思いやり、つながりを感じましょう。それは、すべての人にとっ

てより公正で持続可能なシステムや社会を創ることにつながります。

4 Collaborating—Social Skills（協働する〜社会的スキル）

みんなの心配事をなんとかするには、異なる価値観、スキル、能力を持つステークホルダー（関係する人たち）を受け入れ、場をつくり、コミュニケーションをとる能力が必要です。

5 Acting —Driving Change（行動する〜変化を推進する）

勇気や楽観性といった資質は、真の主体性を獲得し、古いパターンを打ち破り、独創的なアイデアを生み出し、不確実な時代に粘り強く行動するうえで役立ちます。

【図表10】 ＩＤＧｓを構成する5つのカテゴリー

1 自分のあり方 自己との関係性	2 考える 認知スキル	3 つながりを意識する 他者や世界を思いやる	4 協働する 社会的スキル	5 行動する 変化を推進する
内なるコンパス（羅針盤）	クリティカル・シンキング（思考の偏りに気づく）	意識	コミュニケーションスキル	勇気
誠実・真摯で、本物である	複雑さへの認識	つながっているという感覚	共創スキル	創造性
オープンさと学ぼうとする意欲・姿勢	パースペクティブ・スキル（視点・見通すスキル）	謙虚さ	インクルーシブ・マインドセットと、異文化コンピテンス	楽観性
自分を理解する力	センス・メイキング（意味を見出す力）	共感と思いやり	信頼	粘り強さ
プレゼンス（今、ここに在ること）	長期志向とビジョニング		集団を動かすスキル	

（出所）『IDGs 変容する組織』（新井範子・鬼木基行ほか著、経済法令研究会）

これら5つのカテゴリーは、今後のサステナブルな社会への変革に必要な能力、資質、スキルを体系化した人材開発のフレームワークとして提示されているものです。

ＳＤＧｓは国連が主体となってトップダウンで作成されているのに対して、ＩＤＧｓは変革の現場の声を吸い上げたボトムアップで開発されているものです。2022年12月にはＩＤＧｓツールキットが公表されており、『ＩＤＧｓ 変容する組織』（新井範子・鬼木基行ほか著、経済法令研究会）では、その日本語解釈版も紹介されています。

例えば温室効果ガスの削減目標は数値化されている客観的なものであるのに対して、内面の開発目標の多くは主観的です。数値化しにくく客観的に表現しにくいことが、重要かつ本質的である内面の開発を遠ざけてきた理由でもあります。

　しかし、ＩＤＧｓのカテゴリーで表現されている言葉は金融業界のリレーション・シップバンキングや顧客本位の行動、スチュワードシップなどとも通じるものが多くあります。

　ＳＤＧｓが外面としての客観的な行動の開発目標であるとすれば、ＩＤＧｓはそれに取り組む人々の内面の開発目標であり、この内面と外面の両方が組み合わされなければ目指す社会を実現することはできません。

　サステナブルへの取り組みは、これまでＣＳＲ（企業の社会的責任）といわれてきた施しとしての経営の付加的な活動という枠を超えて、企業経営の根幹となっていくことは間違いありません。金融業界においても、サステナブル領域への取り組みは、すでにＥＳＧ投資やサステナブル・ファイナンスとして、金融業界のメインテーマとなっています。それらを実践する人材開発にとっても、ＩＤＧｓはバンカーの内面の開発について多くのヒントを与えてくれるものです。

システム思考

■■■ 論理的思考の限界

　ビジネスに有効な「思考の枠組み」として重要視されるものの一つとして「論理的思考」があります。

　論理的思考とは、ある問題を解決するときに、その問題を論理的に整理して分析していく方法です。分析とは、文字のとおり「分けて折る」ことです。

　例えば、「収益性が低下している」問題があるとすれば、商品カテゴリーや地域ごとに分解してみると、問題の重要なポイントを捉えやすくなります。また、収益性を、"総資産回転率×総資産利益率"に分解する方法はバンカーにはお馴染みでしょう。

　この論理的思考は、どの分野にも応用できる便利な思考法であり、ビジネススクールなどでも基礎中の基礎として最初に叩き込まれるものです。

　そこで皆さんに問うてみます。「売上が上がらない」「新製品開発がうまくいかない」といった皆さんが頭を悩ませている問題は、論理的に分析をすることだけで解決し得るでしょうか。また本書のテーマである、人材開発の問題はどうでしょう。いろいろと分析をしたうえでさまざまなプログラムを提供しているのに、社員のモチベーションが上がらなかったり、離職率が下がらなかったりしているのはなぜでしょうか。

　皆さんは、問題解決をサボっていたわけではなく、日々「分析」して解決できる問題を実際に解決してきており、皆さんの<u>頭を悩ませている問題はそれでもなお、解決しきれない複雑な問題</u>として残っているものです。

世の中には分析しようがないぐらい複雑な問題がたくさんあります。例えば、人体はとても複雑な存在です。人体を脳や臓器や筋肉、骨などに分割したところで、人間という複雑な存在を説明することはできません。人体で起きる「頭痛」という問題は「頭」の部分だけにあるわけではありません。頭の中に原因があるとして鎮痛剤を飲むという解決策はおそらく一時的なものでしかなく、本当の原因は食事などの生活習慣や、人間関係など別のところにあるかもしれません。

　経営、組織、政治や社会などが抱える問題の多くは、とても複雑で分析して原因を特定できるほど単純なものではありません。皆さんが抱えている金融業界の問題はどうでしょう。取引先の事業承継対応、コロナ禍におけるリスク管理、地方創生、金融機関の持続可能なビジネスモデル等、どれをとっても複雑なものだらけです。
　今、金融機関にはこの複雑な問題に向き合うリーダーとしての人材の開発が不可欠で、論理的思考を超えた「思考の枠組み」が求められるのです。

■■■　システム思考という思考の枠組み

　システム思考とは多様で動的に変化していく問題を構造として見極め、さまざまな要素のつながりと相互作用を理解することで、真の変化を創り出そうとするアプローチです。
　「システム」といえばITやコンピュータをイメージする方が多いかもしれませんが、システム思考では「システム」を次のように定義します。

> ・2つ以上の要素が相互に影響を与え合うつながりの集合体
> ・1つの要素が変化すると、他の要素も変化する
> ・つながりには、見えるものと見えないものがある
> ・システムの構造が動きを決める

　人体、夫婦関係、家族など生きているものはシステムです。地球とい

う星も自然の生態系が相互に影響を及ぼす大きなシステムです。皆さん
が所属している組織も、複雑性を持ったシステムの一つです。システム
思考ではこのように「論理的思考」では解決しない複雑なものを扱いま
す。そのときは問題を近視眼的、表層的に捉える「虫の目」ではなく、
一歩引いて俯瞰し時間による動的な潮流を捉える「鳥の目」が必要とな
ります。

　システム思考では、表層で捉えるのではなく問題の本質を水面深く潜っ
て探究する視点も必要となります。そこで用いるのが「氷山モデル」で
す（図表11）。

【図表11】氷山モデルのイメージ図

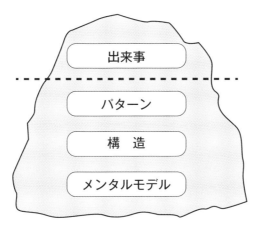

　氷山モデルでは、まず解決したい課題を、水面に浮かび上がる氷山の
一角のように目に見えている「出来事」として捉えます。例えばある会
社が捉える「売上が低下している」という課題は目に見えているもので
す。

　システム思考では、ここから水面下にある問題の本質を探究するため
に、時間を遡ってその変化の中にある流れを読み解いていきます。する
と、その問題が「だんだん悪くなっている」とか「良くなったり、悪く
なったりを繰り返している」というようなパターンが見えてきます。例
えば、この会社は売上低下を防ごうと営業管理を強化しているにもかか

わらず「売上の低下に歯止めがかからない」状況だとしたら、そこに「だんだん悪くなっている」パターンが見つけられます。

パターンがあるということは、その背後にはなんらかの構造が存在しています。

例えば、先の売上が低下した会社で「顧客の満足度が下がっている」「離職率が上昇している」「職場での飲み会が減っている」などの症状が見受けられたとしましょう。そこで、この職場に起きているかもしれない現象を表現すると、図表12のようになります。

【図表12】ループ図

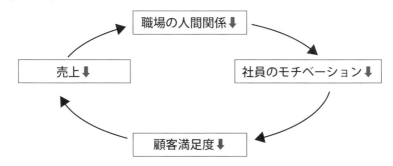

この会社は売上低迷に歯止めをかけようと、社長の号令で営業管理を強化して社員への追い込みを強めた結果、社員同士の競争が激しくなり職場がギスギスするようになりました。社員はお互いにサポートし合うこともなく、問題を一人で抱え込むようになり仕事に対するモチベーションが低下し、顧客トラブルやクレームが増加して、売上も落ち込む一方です。社長はますます焦りが増して、社員に厳しく当たることが多くなり、幹部社員も辞めていきます。

このように、結果がある方向に変化したとき、その傾向にどんどん拍車がかかっていく状態をシステム思考では「自己強化ループ」といいます。例に挙げた会社の状況を放置しておくと、状況はどんどん悪化していく一方ですので、どこかでこの自己強化ループを止めなくてはいけません。システム思考では、そのうちの**どれかに問題を特定するのではな**

く、それらすべての関係が原因であると考えます。問題は売上低下など
の部分にあるのではなく、このループ図にあるすべての要素が関係し合
いながら引き起こしているというように見立てるのです。

　ループ図で問題の構造が明らかになったからといって、問題が解決す
るわけではありません。社長であれば当然のことながら、この負のルー
プから抜け出したいと考えるでしょう。ここで陥りがちなのは「やっぱ
り問題は〇〇だ」と特定して、拙速にそこに手を入れてしまうことです。
例えば、「よし、社員のモチベーションが上げるような成果報酬に見合
う評価制度に変更しよう」というような施策を打ちたくなるかもしれま
せんが、ここはぐっとこらえて、問題の構造を観察してみる覚悟が必要
です。

■ システム思考とリーダーシップ

　システム思考を繰り返し実践していると、「私たちは、どうしてこの
ような構造を作り出してしまったのだろうか」という問いにたどり着き
ます。問題を生み出している要素には、景気変動や人口減少など外部環
境としてコントロールできないものもありますが、本質的には、当事者
として組織や仕組み、経営方針など、自分たちが作り出しているもので
す。

　つまり、構造は経営者や社員たちの内側にある意識から作られるので
す。

　それが本章3の用語としても紹介した「メンタルモデル」です。メン
タルモデルは、氷山モデルの一番奥底に存在するもの、**心の奥底にある
決めつけとしての「解釈」や「前提」のこと**です。やっかいなのは、そ
の多くは、無自覚であったり、無意識であったりして日常の仕事の中で
は意識が向きにくいことです。

　例えば、**図表12**のような売上低迷という構造を生み出している、「メ
ンタルモデル」には、どのようなものがあるでしょうか。営業管理の強
化や、社員のモチベーションアップを目的としていた施策の背景には、
社長の中に、「人は協力し合うよりも、競わせたほうが成果が上がる」

という決めつけがあったのかもしれません。

　社長が社員のことを「利益を上げるための道具」のように扱えば、社員は助け合いながら一体感がある職場を作ろうとはしないでしょう。もし、社長がそのことに気づけていたら、「職場の人間関係」を良くするために自分の弱さもさらけ出して社員と対話することが、この会社の売上を上げるレバレッジポイントとなるかもしれません。レバレッジポイントとは、システムの中で小さな力によって大きく持続的な効果を生み出せるポイントのことです。

■■■　あなたもシステムの中にいる

　実践してみるとわかりますが、システム思考を駆使したとしても、常にすっきりとした問題解決につながるとは限りません。もしろ、問題の本質であるメンタルモデルを考え始めると、もやもやが増していきます。しかし、その「もやもや」がとても重要だったりします。

　「論理的思考」が「複雑な問題をシンプルに捉える」ものだとすれば、**システム思考は「複雑な問題を複雑なままに捉える」思考法**なのです。

　システム思考を用いて、どれだけの問題をどれだけ論理的に、的確に説明できたとしても、そのシステムの中に自分が存在していなければ、その人はリーダーであるとはいえません。

　組織開発の大家であるビル・トルバートは、「もし、あなたが問題の一部でなければ、あなたはソリューションの一部になれない」と伝えています。つまり、自分たちは、どんなわずかなことかもしれないけれど、その問題を作り出しているシステムに組み込まれている一部です。そして、私たちはその当事者であるからこそ、自分事として問題を解決できるのです。これは、そのことが正しいかどうか、または自分が与えている影響が大きいか、小さいかという問題ではなく、**自分事としてそこに立つかどうかという一人ひとりの選択**です。

　分析では解決しない、複雑な問題の解決の一歩は、このようなリーダーの行動が起点となるのです。

クネビン・フレームワーク

■ 私たちはものごとをありのままに見ず、見たいように見ている

　これは、フランス生まれの著作家、アナイス・ニンが残した言葉です。人間は五感のすべてを使って入ってくる情報のうち0.000004％しか認識できないそうです。それなのに私たちは、わかっていないことを、わかったつもりになって日々意思決定をしています。

　現実の世界は、複雑で不確実であるうえ、そもそも私たちは問題の全体像を把握することができません。クネビン・フレームワークはその前提で、私たちはどのように意思決定すればよいのかということに新たな視点を与えてくれる考え方です。

　「クネビン」とはウェールズ語で「生息する場所」という意味です。このフレームワークを開発したデイブ・スノーデンもウェールズ出身です。彼がこのフレームワークに「生息する場所」というメタファーを用いたのは、問題解決しようとしているあなたが「今、どこにいるか（生息する場所）を知っておくこと」がとても大切であるという意図が込められています。

　「クネビン・フレームワーク」では、その問題は**「簡単ですか？」「複雑ですか？」**、そして、**「あなたが結果をコントロールできる問題ですか？」**それとも、**「結果が見通せないけど、とりあえずやってみるしかないような問題ですか？」**という問いを投げかけて問題とあなたの「生息する場所」を確認していきます（図表13）。

【図表13】クネビン・フレームワーク

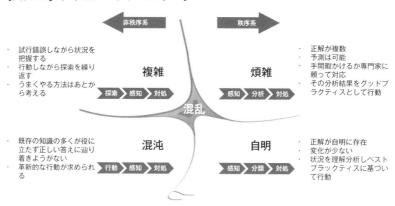

■■■ 自明の問題

　例えば、あなたが解決したい問題が「お腹が空いた」だとします。

　まず、問題解決が一番簡単なレベルを **「自明」** と呼びます。お湯を注いで３分間待つだけのカップラーメンを作るには、何をすればいいかは「自明」であり、決まったやり方で確実に結果が得られます。蓋に書いてあるマニュアルもシンプルで、カップラーメンを間違って作ることのほうが難しいくらいでしょう。

　しかし、そのカップラーメンも食品メーカーの長年の研究開発によって生まれてきた商品です。そのおかげで、私たちは問題を簡単に解決できているのです。先人に感謝しなくてはいけません。

　では、金融機関の顧客にとって「融資を受ける」という問題は「自明」でしょうか？

　すべての融資がそうだとはいえませんが、以前は複雑だった借入れの手続きも、自動審査の仕組みやインターネットのおかげで簡単にできるようになっています。つまり、金融機関のサービスもカップラーメンと同様に、テクノロジーの活用などで「自明」化が進展してきたのです。それは皆さんが成し遂げてきたイノベーションの成果です。

煩雑な問題

　「自明」の次に複雑なレベルは「**煩雑**」です。料理には、レシピが複雑で中にはプロの調理人並みの腕前が必要なものもあります。私が以前ＳＮＳで発見した情報によると、「もう作りたくない料理ランキング」の第１位はコロッケだそうです。

　コロッケは、具材の水分を飛ばし、しっかり冷ましてから揚げないと鍋の中で爆発するので「工程が多くて、もう作る気になれない」、まさに、「煩雑」な料理です。それが面倒であればお肉屋さんでコロッケを買ってくるという方法があります。お金があるのであれば「煩雑」の領域は「その道の専門家」に頼めばよいのです。

　バンカーも「その道の専門家」です。バンカーは顧客にとってのたくさんの「煩雑」な問題を扱う仕事です。意思決定が難しい複雑な事業案件は、さまざまな経験と情報を駆使して高度な審査を行う必要があります。Ｍ＆Ａや事業承継などの顧客が抱える煩雑な問題は皆さんが専門知識を持つバンカーとして、（お肉屋さんがコロッケを作るように）代わりに問題解決をしてあげることができます。

　ここまで「自明」と「煩雑」を説明してきましたが、クネビン・フレームワークではこの２つを「秩序系」の問題といいます。問題解決の難易度が高いか低いかの違いはありますが、どちらもマニュアルや専門知識を活用すれば結果が見通せる、つまりコントロールができる領域だからです。金融業界はお金やリスクにまつわる、ときには「煩雑」な問題を専門知識や、経験、そして膨大な情報とインフラを活用して、秩序立てたサービスを提供してきました。

複雑な問題

　しかし、世の中にはいろいろと手を打ったとしても結果を見通すことができない複雑な問題が多くあります。ここからはこれまでに説明した、結果が見通せる「秩序系」を超えて「非秩序系」の領域に入っていきます。

次のレベルは文字どおり「複雑」な領域です。

あなたが誰も作ったことがない創作料理を作るとしましょう。そこには、レシピもマニュアルもありません。私は「自分に一番合うお出汁を作る」というお題の料理教室に参加したことがあります。材料は、塩、醤油・みりん・鰹節などシンプルなものです。

しかし、「自分に一番合うお出汁」にたどり着くのは試行錯誤の連続です。講師をしていたシェフは、「"自分に一番合うお出汁"にはレシピがありません、塩や醤油の量を少しずつ調整しながら自分の五感を駆使して自分だけの味を見つけなさい」とアドバイスをくれました。この、レシピや専門家に頼ることでは解決し得ない問題のレベルが「複雑」の領域です。

金融機関は最近、非金融のビジネス開発に躍起になっていますが、この多くは「複雑」な問題です。どこかの真似をすればよいというベストプラクティスがあるわけでもなく、コンサルタントなど専門家を呼んできたところで、うまくいくかどうかは蓋を開けてみなければわかりません。かといって、**何もしなければ、イノベーションは起こり得ません**。創作料理のように**多少の失敗覚悟で試行錯誤しながら実験を繰り返した先に、あるとき素晴らしい新サービスが生まれるかもしれません**。成功してしまえば、後付けで成功要因を説明できるかもしれませんが、だからといってその手法で次の新規ビジネスもうまくいく保証はありません。

■ 混沌の問題

そして、その次のレベルは「混沌」です。「カオス」ともいいます。例えば、あなたが船で遭難して、無人島に流されたとします。お腹を空かしたあなたは、見たことも食べたこともない魚介やキノコを口にしなくてはいけないかもしれません。そこは「料理」をするどころではない秩序が崩壊した危険な状態です。その時はたとえ直感であっても咄嗟に判断して行動する必要があります。

金融業界も、このような混沌の状態に見舞われたことがあります。

リーマン・ショックや自然災害などに巻き込まれたときの危機的な状況がそれです。しかし、危機的状況は、変革のための潜在的な機会ともなり得ます。「価値を大切にする金融」はリーマン・ショックの混沌とした状況から金融や経営のあり方を再定義しようとして出現しました。

■■ 混乱状態

最後は、この4つのどれでもない「混乱」という領域です。自分が解決しようとしている問題が秩序系か非秩序系かのどこにいるかさえわかっていない状態です。私たちに必要なのは、問題の複雑さと自分の生息地を見極め、「混乱」の領域から脱すること、そしてその問題が「自明」「煩雑」「複雑」「混沌」のどの領域に該当するのかを見極めることです。

金融機関は、「煩雑」の領域で仕事をしてきた経験が大きいため、なんでも「煩雑」の領域で扱おうとする傾向があります。新規事業開発において失敗のリスクをとってでも、試行錯誤を続けるべき「複雑」の領域の問題に対して専門家を呼んできたり、緻密に計画を立てたりしてPDCAを回そうとします。また試行錯誤の失敗をしないと新しい事業が生まれないのに、最初から失敗を避けようとします。

世の中には、マニュアルで解決できる問題と解決できない問題があり、マニュアルで解決できない問題はどれだけ精緻なマニュアルを整備しても解決しようがないのです。もし、問題が「複雑」や「混沌」の非秩序系であったとすれば、「やってみなければわからない」のですから、**マニュアルを捨てて「とにかくやってみる」**という挑戦が必要になるのです。

金融庁が「金融検査マニュアル」をなくしたのは、金融機関の経営が「煩雑」の領域から「複雑」の領域へと移行したためにマニュアルが有効でなくなったからです。皆さんが手放すべきマニュアルは何なのかについて組織で対話してみることをおすすめします。

対 話

■■ 金融業界に対話が求められる背景

金融業界で「対話」という言葉が頻繁に使われるようになるきっかけとなったのは、2017年頃から金融庁が公式に**「探究型対話」**という言葉を使い始めたことでした。

2018年6月に発表された「金融検査・監督の考え方と進め方」にはこのように書かれています。

「ベスト・プラクティスのための『見える化と探究型対話』とは、それぞれの金融機関が経営環境の変化を先取りした業務運営や競争相手よりも優れた業務運営（ベスト・プラクティス）の実現に向けて競い合い、主体的に創意工夫を発揮することができるよう、開示の充実や探究的な対話等を進める手法である」

新型コロナの蔓延や、気候危機など、不確実な変化が加速していくなかで、金融行政も金融機関も、「正解がない時代」という大きな構造変化にさらされています。「金融検査マニュアル」廃止に象徴されるように、金融機関の運営は誰かが示した「正解」に従うのではなく、**正解そのものを「探究」するスタイル**へと業務運営の転換が求められています。

金融業界に「対話」ブームが訪れている関係で、近年、私のところにもいろいろな金融機関から「対話を導入したいので、どうすればいいですか」という相談が増えてきました。

こうした金融機関の多くは、変革のために経営戦略を立てたり、仕組みを作ったりといったさまざまな施策に取り組んできたものの、それでも成果が出ず「組織文化そのものから手を入れないといけない」と気が

ついたタイミングで相談にやってきます。「対話」があたかも、組織の問題を解決する魔法の道具であるかのようにです。

そのとき私は依頼者に、こんな話をします。

例えば、家族が「夫婦や親子の対話が少ない」という課題を抱えているとしましょう。親であるあなたが、私に「わが家に対話を導入したいのですが」と相談してきました。そのとき私が「朝のあいさつの仕方を変えてみるとか、たまには家族で外食して対話してみるのはいかがですか？」とアドバイスしたとして、それをそのまま実行することは、本質的な問題解決になるでしょうか？　もちろん、そんなことはありません。家族が対話で満たされるために大切なことは「家族を愛すること」であり、行動はちょっとした習慣づけにすぎません。

これは「対話」を推進しようとする組織でも同じです。最近は対話を推進するために1on1などのミーティング制度や、カフェスペースの拡充などのインフラの整備を行う金融機関も珍しくありません。

しかし、それだけで対話が進展することはもちろんありません。バンカー同士が地域や職員を心から愛し、信頼し、答えがあろうがなかろうが「地域や未来に何を残していきたいか」という問いを持って同僚やお客様と語り合うことが、対話を根づかせる必要条件のほとんどです。

もし、読者が金融機関のマネジメント層であり「対話を組織に定着させたい」と考えるのであれば、まずあなたが、このような問いを職場や地域のコミュニティに投げかけて対話を始めてみることです。

■■■ 群盲象を評す

対話の重要性をわかりやすく示す「群盲像を評す」という有名な逸話があります。

これは、盲人たちが象を触ってそれぞれが異なる部分を感じ取り、象という生き物を理解しようとするものの、その視点の狭さから真実を見失うという物語です。彼らのうち象の耳を触った者は扇子のようだと、鼻を触った者は大蛇のようだと語りますが、誰もが象の全体像を見るこ

とはできません。この物語は、個々の視点で全体を見ることに限界があることを象徴しています（図表14）。

【図表14】群盲像を評す

　この逸話は、私たちに対話がいかに大切かを示してくれます。対話を通じて、私たちは一つの部分から全体を理解し組織全体として成功への道へと進められます。私たち一人ひとりが持つ視点は全体を理解するための一部分であり、対話を通じて全体像を描いていけるのです。

　組織においても、「群盲像を評す」ことが日々行われています。多くの組織では、それぞれの部門や役職の人々が自分が置かれている立場からビジネスの状況を評価します。しかし、その一部の視点だけでは、全体像、つまり企業の真の状況を把握することはできません。
　これを解決するためには、各部門や立場の間の対話が不可欠です。情報の共有、視点の交換、そして何よりお互いの理解を深めることが重要です。
　対話は企業が協調性を持ち、困難を乗り越えるために重要な要素となるのです。

■■■ 対話において大切なことは「話す」ことではない

それでは「対話」とは、そもそもどういう行為なのでしょうか。

多くの方が、対話において大切なことは、「話す」ことだと思っています。現場に降りていって、思いを伝えることが大切だと唱える金融機関の経営者がたくさんいます。しかし、実は**対話の本質は「話す」ことより「聴く」ことにあります**。

群盲象の鼻を触っている人は「これは大蛇だ」と話すことよりも他の場所を触っている人の声を聴かなくてはいけないのです。

そのことを体験・体感するために、SHIFTで実施したワークショップを紹介します。

それは「即興劇ゲーム」といわれるものです。3〜5人がチームになって即興で物語を創作するというシンプルなゲームです。

【図表15】即興劇ワークのスクリプト例

架空の人物、フトシくんを主人公とする、即興のストーリーをグループで創作します。

　Aさんが最初に、次の出だしからはじめてください。
『秋晴れの土曜日の朝、私は眠い目をこすり犬の散歩に出かけた。』

　この後に続くストーリーを自由に創作して続けます。
例：「すると突然、道端で知らない女性が深刻な表情を浮かべて話しかけてきた」

　区切りのいいところまで話したら「次、Cさん」といって次に話す人をランダムに指名します。指名された人（この場合Cさん）は、前の人（この場合Aさん）のストーリーをつないで話し始めます。

例：「私は、地球の皆さんに危機をお伝えするために火星からやってきたのです。実はあと1時間で、地球が滅びるのです……」
　全員が話すようにバトンを渡しながら、交代してストーリーをつないでいきます。これを繰り返して、ワクワクするストーリーを作っていきます。

まず、ファシリテータがチームの1人を指名して「秋晴れの土曜日の朝、前日までの疲れが残っている私は眠い目をこすり犬の散歩に出かけた」という文章を読んでもらいます。次に別の人をランダムに指名して

もらい「では、この後に続くストーリーを自由に創作して続けてください」と促します。

　これを何回も繰り返していくと、物語があらぬ方向へと展開していき、ともに創作しているチームに良い雰囲気の一体感が生まれてきます（図15）。

　ところが、一体感が生まれず硬い雰囲気のまま、物語が展開しないチームもあります。その違いは、チームのメンバーが前の人の話を「傾聴しているかどうか」にあります。誰かが次におもしろいことを言おうと心の中で準備していたストーリーを話し始めると、逆に脈絡がない展開となって独創的なストーリーにならないばかりか、チームの一体感を阻害してしまうのです。

　前の人が話している最中から次に自分が話すことで頭がいっぱいだとしたら、仮にちょっとした笑いはとれたとしてもその後の物語がつながっていきません。自分の出番が来ようが来まいが、頭を空っぽにして、そこまでつながっているストーリーを全身で傾聴していると、自分の番が回ってきたとき、自分でもハッとするような言葉が突然湧き上がってきます。

　ここで出てくる言葉は「自分ではなく、場から立ち上がってくる」ものです。そこで創られる物語はメンバーの誰もが用意していたものではないにもかかわらず、そのメンバーが創り出した唯一無二の作品です。それは、音楽のセッションから生まれるグルーヴ感や、極限状態のスポーツチームの一体感にも似ています。

■■■ 「対話」と「議論」の違い

　この即興劇ゲームは「対話の本質」をとてもよく表しています。対話を重ねていくと、もともと各人が持っていた意見の単純な総和にとどまらない性質が、全体として現れてくることがあります。

　相手の立場に立ち、多様な見え方を受け入れることによって、モノの見え方がガラッと変わってしまう、あんなに自分が一生懸命に証明しよ

うしていたことさえバカバカしく見えてくるというような、パラダイムシフトが起こるのです。そして、最初は存在していなかった新たな意味のようなものが、突然立ち現れてきます。この現象を「創発（emergence）」といいます。この創発は「議論」をどれだけ繰り返しても起こりません。

　創発されるものは、これまでの概念を超えるイノベーションだったり、新たな組織文化だったりします。参加者がもともと持っていた範囲を超えずにその内側でものごとが決着していくか、そこに新たな創発が立ち上がってくるかどうかが、「議論」と「対話」の大きな違いです。

　コミュニケーションは、意見交換のように「これまでの思考」を共有したり、白黒をつけていく議論の段階から対話によってそこから、新しい発見や創発を生み出していくものへと発展していきます（**図表16**）。

【図表16】コミュニケーションの発展の変遷

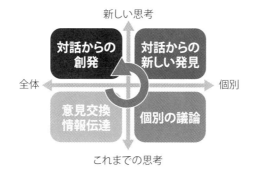

　「議論」とは、誰の意見が正しいかについて勝敗をつけることです。英語ではディスカッション（discussion）の語源はパーカッション（percussion）と同じ「叩く」、つまり「相手を打ち負かす」というところからきています。

　議論とは、自分が正しいと信じていることを証明するための戦いです。引き分けになったり、落としどころが決まったりする場合もありますが、いずれにせよ、そこで勝敗が決することになります。

　実は、私たちが会議でやっていることの大半はこの議論です。「議論」

の特徴は、そこから生み出されるアウトプットが、もともと参加者が持っていた知識や経験のレベルを超えることはありません。つまり議論とは、**過去の延長から未来を描くプロセスにすぎない**のです。

先ほど紹介した即興劇ゲームで、ユニークなストーリーにつながらなかったチームの例は、まさに「議論」をしていた状態といえます。誰かがあらかじめ用意した話がとてもユニークだったとしても、そこからは新しいものが創発されてきません。

バンカーが顧客に対して、アドバイスと称して、正しいとされているもの、ベストプラクティスといわれるものを伝えたり指導したりすることは「対話」ではありません。

「対話」とは、未来を出現させていくプロセスです。「対話」は英語でいうとダイアログ（dialogue）です。ダイアログの語源は「意味や言葉（logos）の流れを作ること（dia）」という意味です。それはまさに、先ほどの即興劇ゲームで物語が創発されていくプロセスといえるでしょう。

対話に戦いはなく、すべての意見がその人にとっての真実であるという考えに立ちます。「対話」の手法にはいろいろなものがありますが、すべての意見をテーブルの上に乗せて、話し、聴き、そして感じるという基本の所作は同じです。

■■■ 「対話」を求められている金融が、今果たすべき責任

金融は、社会や経済の鏡となり、そこにポジティブな変化を促進していくレバレッジを生み出す役割があります。これまで存在していた何かを手放し、まだ存在していない何か生み出す起点になることこそ、金融が持つ可能性です。

金融業界に「対話」が求められているのは、過去の延長線上にはない未来を創発することが求められているからであり、金融業界を牽引するリーダーには、その対話を促していく役割が求められてきます。

またここでいう「対話」は、必ずしも金融機関の組織内で行われる職員同士の対話だけを指しているものではありません。金融機関と顧客、金融機関と株主、金融機関と金融庁などの監督当局、金融機関と地域社

会など、ありとあらゆるステークホルダーとの対話によって、出現させたいと願う未来の実現に向けて創発を生み出していくことが、金融機関にとって重要な役割となるのです。

「営業」と「ファシリテーション」

■ 時代とともに変遷する金融機関の営業スタイル

　ここでは前項で示した金融機関に対話が必要される場面の一つとして、
「営業」という業務について考えてみましょう。

　「営業」とは、顧客とのコミュニケーションのプロセスです。そこに
どのように「対話」を取り入れていくべきかという視点での考察を試み
ます。まずは、金融機関の営業スタイルが、時代とともにどのように変
化してきたか大きく俯瞰してみます（図表17）。

【図表17】 時代とともに変わってきた「営業スタイル」

	モノ売りの時代	人柄の時代	問題解決の時代	共創の時代
営業の役割	顧客の「御用聞き」	顧客の「理解者」	顧客の「先生」	顧客の「共創パートナー」
営業の価値の源泉	専門知識や商品	人としての信頼感	問題と解決法のパターン知識	共感性や個性
営業のコアスキル	話術や交渉力など	人間関係構築力など	ヒアリング力や論理的思考力など	対話力や発想力など

　その昔、金融機関の営業とは顧客の「御用聞き」でした。「集金業務」
がその代表的なものです。毎月決まった日に積立の集金に行き、そのつ
いでに「何かお困りごとはないですか」と尋ねながら、資金の運用や、
家や車のローンの相談に乗ることが営業の仕事でした。いかに顧客と多
くの接点を持ち、かつ話術巧みに商品を売り込めるかが、バンカーに必
要な能力でした。

　高度経済成長の過程で、顧客の需要が供給より大きかった「モノ売り
の時代」は、それでよかったと言えます。この時代の金融機関の商品は、

どこも似たりよったりで、独自性はほとんどありませんでした。

しかし、取引が安定してできるようになると、顧客はやがて金融機関との関係性を重視するようになりました。そして、「どの商品を選択するか」よりも「どの銀行やどの担当者と取引するか」を重要視し始めます。ここで、営業スタイルは「人柄」の要素を取り込んでいきます。

「人としての信頼」が重要視されるようになり、金融機関の支店長にはその象徴的存在として町やコミュニティの名士としての存在価値が求められました。ゴルフや会食での接待は支店長の大切な仕事の一つでした。人柄を武器に現場の営業担当者が「預金してください」「借りてください」と頭を下げて回るような「お願い営業」が金融機関の営業スタイルとなって定着しました。このスタイルは、今日でも続いています。

やがて、1990年初頭にバブルが崩壊すると、日本経済の成熟とともに企業の資金需要が停滞し始めます。そこで「お願い営業」だけでは勝ち残れないということに気がついた金融機関は、新しい営業スタイルを模索し始めます。企業は資金をただ調達するだけではなく、きちんとした戦略を立ててビジネスモデルを構築していかなければ、競争に勝ち残っていけなくなってきました。

そこで金融機関は専門知識や能力を高めることで「顧客の先生」となって、顧客の問題解決を支援するという営業の新たな役割を見出します。こうして「コンサルティング機能の強化」「事業性評価能力の向上」「アドバイス機能の向上」「ソリューション営業」等が、営業のコンセプトとなりました。今日では、この問題解決型の営業スタイルが金融機関の主流となっています。

金融機関の人材開発プログラムの多くが、問題解決の専門能力を高めることを目的に構築されています。そして、そこで用いられるコミュニケーションの技術とは、いかに論理的に説明し、相手を納得させて顧客の課題解決に導くかというものでした。

価値共創パートナーへ

この「問題解決を支援する営業スタイル」もやがて限界を迎えようとしています。

それは顧客が抱える問題が「秩序系」の問題から「非秩序系」の問題にシフトしているからです（本章8「クネビン・フレームワーク」の項を参照）。

　事業性評価やコンサルティング能力など、「知識や能力」の外面を開発するだけでは、来るDXやSXという業界を突き動かす構造的な変化に対応しきれません。

　非秩序系の問題に対しては金融機関が専門知識を高めて答えを出すのではなく、顧客の共創パートナーとなって、ともに価値を創り出していくことが、営業スタイルとして求められていきます。

　そこで必要となってくるのが前項で取り上げた「対話」です。

　ここで述べている対話とは、専門知識を高めることで顧客の先生として振る舞うそれまでの営業スタイルとは異なるものです。そもそも、事業を運営したことのないバンカーが、事業を評価したり、コンサルティングをしたりすることには限界があります。そして、非秩序系の問題にはその事業に価値を生み出していけるかについての正解は存在しません。

　金融機関は躍起になってコンサルティング能力を高めようとしていますが、すでにコンサルティング業界では、その限界に気づき始めています。

　2017年に、支援学の権威であるエドガー・H・シャインが著した『謙虚なコンサルティング――クライアントにとって「本当の支援」とは何か』（英治出版）が、それまでのコンサルティングのパラダイムを大きく転換するものとして話題になりました。

　本書の中で、シャインは次のように主張しています。

・今日の組織は、解決に必要な知識や技術が自明でない問題に直面し、「答えを提供する」から、「答えを見出せるよう支援する」へとコンサルタントの役割も変化していく。
・コンサルティングとは相手を説得しようとして喋るのではなく、「謙虚に問いかける」コミュニケーションが必要である。
・「本当の支援」を実現するには、自分では答えを出せないことを自覚し、謙虚な姿勢を選び、謙虚に問いかけることが不可欠である。

コンサルタントにおける顧客とのコミュニケーションの技法を再定義するべきである、というエドガー・シャインの主張は、バンカーにも同様に適用し得るものです。謙虚に意図をもって「共創パートナー」として顧客と対話していくことが、これから再定義される金融機関の営業スタイルとなっていくでしょう。

■■ バンカーに期待されるファシリテーション能力

共創の時代のバンカーに求められる能力は、ファシリテーションです。

ファシリテーションの一般的な定義は「会議や議事の進行や議論の際に、グループがより協力し、共通の目的を理解し、目的達成のための計画立案を支援すること」とされています。これを狭義に、会議や打合せの進行役のように捉える場合もありますが、これはファシリテーションの役割のごく一部にしかすぎません。

私自身は、創発を促す対話におけるファシリテーションを「**ある意図をもって、その場にいる人たちの意識を解放し、創発が促されるように働きかけることである**」と定義しています。

つまり、ここでいうファシリテーションとは、目的やゴールを定めてそこに向かって議論を収束させることではありません。むしろ出そうとすることをあえて保留し、互いに共感し、本質的課題に気づきをもたらすように場を耕していく役割です。

その深い本質的な気づきから立ち上がる行動は、これまでの延長にはない創造性やイノベーションをもたらします。

課題が複雑であればあるほど、私たちは問題を単純化することで、即効性のある問題解決を図ろうとする傾向があります。しかし、そこから打ち出される施策の多くは、対症療法にすぎず、いっとき問題が解決したかのように見えたとしても、それは一時的であるか、今度は別の問題を生み出していきます。

現場の生産性向上を目的にオペレーションのＡＩ化やシステム化を図った結果、現場の能力低下がさらに加速し、モチベーションの低下によってさらに生産性が悪化するというのは、対症療法が生み出す弊害の一例

です。このように複雑な問題を単純化せずに、複雑なままに捉えていくシステム思考が重要になってきます（本章7「システム思考」の項を参照）。

　非秩序系の複雑な問題には、そもそも、**答えは存在していません**。まだ見ぬ答えは、地域コミュニティや所属する組織の場の中から立ち上がるものです。それを引き出すのがバンカーとしてのファシリテータの役割です。

　この答えが出ない、もやもやの中に居続ける能力を「ネガティブ・ケイパビリティ」という言い方をする場合があります。この「ネガティブ・ケイパビリティ」は対話を促すファシリテータに求められる能力の一つとしてとても重要です。

　システム思考のコンサルタントとしても知られる枝廣淳子さんは著書『答えを急がない勇気　ネガティブ・ケイパビリティのススメ』（イースト・プレス）の中で、ネガティブ・ケイパビリティについて次のように説明しています。

・事実や理由をせっかちに求めず、不確実さや不思議さ、懐疑のなかにいられる能力
・どうにも答えの出ない、どうにも対処しようのない事態に耐える能力
・曖昧さやパラドックスと共存し、それを許容する能力
・「すべてはわかっていない」状態を良しとし、中途半端な知識を合理化したり、事実を追い求めたり、既存の知識や考え方で思考停止したりすることなく、不確実で曖昧な状態のなかにとどまる能力
・違和感を抱えたまま、とどまる力

　地域コミュニティや業界の創発を促すファシリテータとしての役割が、これからのバンカーに期待されます。バンカーは、「自分の能力が高くなくてはならない」「顧客の先生にならなくてはいけない」という意識を時には手放して顧客の価値共創のパートナーへとその役割を深化させていく必要があります。

ビジョン

■ ビジョンに対する誤解

　そもそも、「ビジョン」とは何を指すものでしょう。

　英語で視覚や映像を表すVISIONは、ビジネスの領域でも組織が目指す方向性、価値観を示すときによく使われる言葉です。

　組織や事業の「ビジョン」をテーマにした企業研修やワークショップもよく行われていますが、「そんな青臭い議論は苦手だ」「抽象的すぎて具体的にイメージできない」「ビジョンで飯は食えない」という声をよく聞きます。

　皆さんはビジョンに対して次のように思っていないでしょうか。

　・立派なものでなくてはいけない
　・達成する方法が示されていないといけない
　・普遍的なものでなくてはならない
　・顧客や事業の価値と整合していなくてはならない

　しかし、本来「ビジョン」とはもっと純粋なものなのです。

　ＳＨＩＦＴのプログラムでも、テーマとして「ビジョン」をよく取り扱います。そのときはビジョン＝「私が未来に存在させたいもの」というようにシンプルに説明しています。ビジョンとは、実現を純粋に願っているものであり、立派である必要も、達成方法を知っている必要もありません。ビジョンは誰でもなく、今ここにいる「私」が未来に存在させたいとイメージするものであり、それを語っている自分が「本当に嘘をついていない状態」だといえるものがビジョンです。

つまり、ビジョンとは外からではなく、内面から立ち現れるものです。あるバンカーが「日本一お客様に愛される銀行になりたい」というビジョンを語ったとしても、それが組織の目標や顧客のニーズを意識して言葉にしていたとしたら、それは周りの要望に適応させたものであって内側から立ち現れた本当のビジョンではありません。

言葉にした後に「本当に自分に嘘をついていない状態か」と自分に問うてみて「YES」と言えるようであれば、それは紛れもなくあなたのビジョンです。たとえそれが実現可能性が低く、あなたが生きている間に実現しないものであってもです。

■■■ 問題解決はビジョンではない

アメリカで人種差別撤廃を訴え活動したキング牧師は、"I have a dream"という演説で夢という言葉を使ってビジョンを語っています。有名な演説なのでご存じの方も多いでしょう。その一節を引用します。

「私には夢がある。いつの日かジョージア州の赤土の丘でかつての奴隷の息子たちとかつての奴隷所有者の息子たちが、兄弟として同じテーブルにつくという夢である」

銃弾に倒れたキング牧師は、それが実現している世界を見ることなくこの世を去りました。しかも、人種差別を撤廃するという彼のビジョンは現在においても実現していません。

それでも彼が純粋に「未来に存在させたいもの」として発した言葉は、紛れもなくキング牧師のビジョンでした。

キング牧師の演説は、ビジョンに関するもう一つ重要な示唆を与えてくれます。それは、苦痛から逃れたい、失敗したくないという「恐れ」や「不安」ではなく、「願い」や「愛」が起点となっているということです。

だから、キング牧師は、恐れや不安のすべてが完全に解消された世界がやってきたとき、その先に存在させたい世界を、「憎みあった人たち

が同じテーブルにつく」と具体的にイメージできるように描いたのです。そして、彼のビジョンをともに見た人たちによって、歴史が動いたのです。

　ビジョンとは、どうやってそれを実現するかを表現するものではなく、それが実現した世界がどんなものかを描いたものです。「自転車に乗りたい」はビジョンではなく、「自転車に乗ってどこに行きたいか」がビジョンです。

　同様に多くの地域金融機関が掲げる、「地方創生」や「DX」はビジョンではなく、それが実現した世界を表現することがビジョンです。

■■■ ビジョンを描けない日本の金融機関

　金融機関の事例についても紹介します。カナダのバンクーバーに拠点を置く、バンシティ信用組合は、"Make Good Money"という言葉を使って存在させたいビジョンを次のように表現しています。

「バンシティで、良いお金を良いことに使えば、あなたのお金はグッド・マネーになります。私たちは、会員の皆さまに商品、サービス、アドバイスを提供し、富の構築を支援します。皆様が私たちに預けてくださった預金は、地域社会に経済的、社会的、環境的にプラスの影響をもたらす地元の企業や団体に融資したり、投資したりします。その結果として、雇用が生まれ、温室効果ガスの排出量が削減され、住宅所有率の向上などの利益がもたらされます。そして、純利益の一部を組合員や地域社会に還元します」

　日本の金融業界においてもビジョンの重要性について認識が高まっており、「パーパス経営」という言葉もよく使われています。それらは、企業理念などに地方創生や顧客第一といった言葉として表現されています。また、それを実現する戦略としてデジタルやソーシャルなどのキーワードを使って表現されています。

　しかし、「その問題が解決した先に金融機関がその地域やコミュニティ

にどんな未来を残したいのか」というビジョンについて、具体的にイメージできる表現がされているところはほとんど見当たりません。

　ビジョンとは「私が実現してほしいもの」という個人の内面にある純粋なものであり、それは、どうやってそれを実現するかの方法を表すものではなく、それが実現した世界がどんなものかを描くことです。ビジョンは「組織」を主語にして作られるものではありません。**最も個人的なものが、最も創造的であり最も世界や未来に貢献するものです。**
　世界中のバンカーを対象にしたリーダーシップ開発を行っているカトリン・カウファーはその著書『Just Money』（江上広行監訳、金融財政事情研究会）の中で次のように述べています。

　「私たちは、未来への不安を抱えていますが、その不安は私たちが願う未来のイメージがあってはじめて克服することができるのです。その未来のビジョンはすでに私たちのなかにあります」

　私たちが、今の日本の地域社会の行く末に不安を感じているとすれば、心の内面にそれが解決されている世界を願っているビジョンが存在していることの証です。
　その不安が解消した先のビジョンを誰もが見えるように映し出すことが、組織の中や外にいるあらゆるステークホルダーを束ね、その世界を実現へと導いていく原動力になっていきます。

■■■　ビジョンから共有ビジョンへ

　ビジョンが表現されているとしても、それはまだ一人ひとりの個人の中に存在しているものにすぎません。一人ひとりのビジョンがつながりあって、個の集合を超えたものとして創発され、組織のメンバーが共有して描く未来のイメージへと形作られていくものを「共有ビジョン」といいます。
　本書で何度も紹介しているピーター・センゲは、『学習する組織』の中で、共有ビジョンについてこのように説明しています。

「(共有ビジョンとは)「私たちは何を創り出すのか?」「私たちはどうありたいのか?」に対する答えである。〝効果的な共有ビジョン〟は、私たちの人生に感動と意味を与え、多くの人が心から打ち込みながら私たちのもてる力を超えて、それまで想像もしていなかったような大きな力を発揮させる原動力になります」

　ビジョンは、経営者や創業者が作成して社員に浸透させようとする一方通行のものではありません。
　日本の金融機関の大半は、利益を求める株主などのステークホルダーの期待に対する適応策としてビジョンや経営理念を作成し、それを現場に「浸透させる」というアプローチをとっています。しかしそのプロセスでは人を付き従わせることはできたとしても、人の情熱に火をつけることはできません。共有ビジョンとは経営者などが作る組織のビジョン(経営理念)にそこで働く人々を付き従わせるものではありません。組織の中にいる個人としてのビジョンを一つも犠牲にすることなく、それらが組織のビジョンとも整合しているという状態が、共有ビジョンが機能しているということです。

■ SHIFTが探究する共有ビジョン

　SHIFTでは、組織の中でこのような共有ビジョンが生まれるためには、どのような条件が必要かについて対話し、次の3つの要素を抽出して対話を行っています。

1 個としてのリーダーのビジョン
　個人のビジョンが存在せずに、組織としての共有ビジョンが存在することはありません。
2 心理的安全性
　心理的安全性とは「組織のメンバーが、何かをしても、他のメンバーから罰せられたり評価を下げられたりすることはないと感じられる雰囲気がつくられている」という状態を指します。このような状態は、人々がお互いに信頼し尊敬しあっているときに生まれます。

3 心理的契約

　心理的契約とは、一人ひとりが組織の一員として、どうありたいかを考えていることによって組織が一体化できている状態のことです（エンゲージメントと表現される場合もあります）。

　これは、組織と個人が相互に期待していることと、組織と個人が相互に負っている義務が、雇用契約のように、形式的な契約がなくとも暗黙的に成立している状態です。

　ＳＨＩＦＴのメンバーは未来から求められる金融の共有ビジョンの対話を続けています。そこでは、一人ひとりの個人のニーズを源としてビジョンが形作られ、それらがつながっていくというストーリーを大切にしています。

ポリヴェーガル理論

■ 神経生理学とポリヴェーガル理論

　神経生理学であるポリヴェーガル理論は、ＳＨＩＦＴで取り上げてきたテーマの中でも、かなり異色です。私たちには人材開発とは「頭の能力」を高めるものという先入観がありますが、人という存在を扱ううえでは「心」や「体」も開発の対象になるはずです。

　ＳＨＩＦＴでは「心」の部分については、インテグラル理論やプロセスワークなどの心理学等のアプローチも取り入れてきましたが、ここでは「体」の側面から未来の金融のあり方や人材開発の方向性について探求してみます。

　ポリヴェーガル理論とは、アメリカの神経生理学者であるステファン・Ｗ・ポージェスが1994年に発見した人間が備えている恐るべきともいえる自律神経の仕組みを解明したものです。

　さらに、この理論は「人の心や体」の構造を解明するだけではなく、「人と人」の関係や「人と社会」のシステムにまで応用範囲が展開されることから、精神分析や心理学、組織開発、社会学の領域にまで拡大して注目を集めています。

■ 交感神経系と副交感神経系

　自律神経は、心臓の鼓動や体温調節、代謝など、脳からの意識的な指令がなくとも「自律的に」体をコントロールしてくれるありがたい存在です。私たちが手を動かすときは、脳から指令を与えてグーやパーを出したりしてコントロールすることはできますが、心臓の鼓動は手を動かすようにコントロールすることはできません。

　このように、ヒトを含む生物は体で起きることのすべてを意識的にコ

ントロールしなくても、体のほうが自律的に動いてくれるから安全に生きていけるのです。

　自律神経は、経済や社会に安全が保たれるように役割を果たしている金融機能と似ています。

　その自律神経は「交感神経系」と「副交感神経系」の2つに区分されます。

　「交感神経系」は、主に緊張や興奮状態を引き起こすものです。動物は生命の危機に瀕したときに、<u>本能的に心拍数を上げて緊張状態を作り出し、次の「闘うか逃げるか」の行動に備えます</u>。皆さんが仕事中に大きなミスをしたり、誰かから攻撃を受けたりしているときに心臓がドキドキするのは「交感神経系」が働いている証です。

　一方、「副交感神経系」は、逆に心拍数を下げて身体の状態を落ち着かせようと働きます。「副交感神経」はその神経経路が人体中を迷走するかのようにかけめぐっているので「迷走神経」とも呼ばれます。ポージェスは、この迷走神経が、2種類の神経系によって成り立っているという発見をし、それを「複数の（ポリ）迷走神経（ヴェーガル）」と命名しました。

■■■　背側迷走神経複合体と腹側迷走神経複合体

　2つの迷走神経とは、脳の背中側から出ている<u>「背側迷走神経系」</u>とお腹側から出ている<u>「腹側迷走神経系」</u>です。この2つの迷走神経系が体全体の機能をコントロールするように機能していることから「背側迷走神経複合体」および「腹側迷走神経複合体」と呼ばれています（「それがどうした」と思うかもしれませんが、大事なところなので、頑張ってついてきてください）。

　「背側迷走神経複合体」は、生命の危機に瀕したとき「凍りつき」という状態を引き起こす重要な機能を司っています。例えば、トカゲなどの爬虫類が危機を感じると固まってしまうように見えるのは、身を守る

ために背側迷走神経複合体が働いている状態です。背側迷走神経複合体は生物の進化の中でも最も原始的なものであり、太古の海の中にいる魚類にも備わっていました。私たちも、極度の緊張状態になると、シャットダウンして、無表情になったりします。さらに行きつくと、**誰とも話そうとしない引きこもりのような状態**にもなることがあります。これは私たちが**身を守るための正常な働きとして「背側迷走神経複合体」が機能して「凍りつき」を引き起こしている**状態です（図表18）。

【図表18】「ポリヴェーガル理論」が解明した３つの自律神経

	状態	状態の例	発生系統生物
腹側迷走神経 複合体	つながりあい	心理的安全に 満たされている	哺乳類以降
交感神経系	闘うか逃げるか	激昂している	硬骨魚類以降
背側迷走神経 複合体	凍りつき	シャットダウン	軟骨魚類以降

　一方、「腹側迷走神経複合体」は、動物同士が「触れあい、つながりあう」ときに活性化します。この腹側迷走神経複合体は哺乳類になってから発達した生物の進化の中で最も後発の機能であり、それが最も進化した種が私たちヒトです。

　ヒトは「腹側迷走神経複合体」によって複雑な表情筋を操って他者とのコミュニケーションを図り、さらに言語を操る大脳新皮質の拡大によって言葉や文字を生み出しました。そして多様な文化や民族、社会を築いて現代に至ったのです。私たちが扱う貨幣、そして金融や経済は進化したヒトが持つ「腹側迷走神経複合体」が作り出した動物同士がつながりあう社会的交流システムの産物であるともいえるでしょう。

　ここまでをまとめると、こんな感じになります。

> ・ヒトにも備わっている自律神経は、生物進化の古い順に「背側迷走神経複合体」「交感神経系」「腹側迷走神経複合体」の３つで構成されている。
> ・それぞれ、「背側迷走神経複合体＝凍りつき」、「交感神経系＝闘うか逃げるか」、「腹側迷走神経複合＝つながりあい」によって生命の安全を確保しようとする機能である。
> ・ヒトは「腹側迷走神経複合体」が最も進化した種であり、それによって社会的交流システムを形成し、経済社会を発展させてきた。

　金融業界でも注目されている「心理的安全性」や「対話」を重視する主張の多くは、文系文脈でのビジネスの合理性や、人間的倫理観から語られています。それに対して「ポリヴェーガル理論」は理系文脈の神経生理学の視点から、ヒトという種が安全を獲得するために進化した機能として説明しているところが私がツボにはまったところです。

■■■ 自律神経のホメオスタティック・ダンス

　「ポリヴェーガル理論」のおもしろさはここにとどまりません。３つの自律神経は、それぞれバラバラに機能しているわけはなく、チームとしてお互いに抑制したり活性化したり、または協力しあったりして心身の安全状態のバランスを保つように働いているのです。
　その中で、指揮者のようにその全体の調整役をしているのが、「腹側迷走神経複合体」です。進化した「腹側迷走神経複合体」を備えている私たちは、最も優秀な指揮者を体内に持っています。ポージェスは、この機能に対して、「恒常性」を意味する「ホメオスタティック・ダンス」という粋な命名をしています。

　例えば、「腹側迷走神経複合体＝つながりあい」と「背側迷走神経複合体＝凍りつき」がコラボするというのはどういう状態でしょう。
　それは言うなれば「人が誰かつながることで（たとえ危険にさらされていたとしても）恐れを感じずに、その瞬間に踏みとどまること」です。その状態をポージェスは「愛」と呼んでいます（「愛」ですよ、「愛」！）。

もう一つ「腹側迷走神経複合体＝つながりあい」と「交感神経系＝闘うか逃げるか」がコラボしているときとは「予測不可能な状態に身を委ねつつも、それを楽しんでいる」状態になります。<u>ポージェスは、今度はそれを「遊び」と命名しました</u>。猫やパンダが意味もなく、じゃれあったりしているのは、神経機能が作り出した「遊び」です。ヒトが行う「遊び」の代表的なものはスポーツです。たしかにスポーツは命を奪い合うでもない安全な状態で闘うことでドキドキ・ワクワクして「交感神経系」を活性化させてくれる「遊び」だといえます。

ヒトという種は自律神経を活性化させて「ホメオスタティック・ダンス」を踊りながら、人と人がつながって自由で安全な「信頼社会」を獲得する生物としてつくられているのです。

■■■ 自律神経の誤作動

ところが、この自律神経の機能はときどき誤作動を起こします。敵がいない安全な環境であるにもかかわらず、不必要に「交感神経系」が活性化しているときがあります。俗に言う<u>「ストレス」状態</u>です。

また、同様に安全な環境にあるにもかかわらず、「背側迷走神経複合体」が活性化し続けることもあります。これは引きこもりや対人恐怖のように社会的凍りつきをもたらす<u>「トラウマ」状態</u>です。

「ストレス」も「トラウマ」も「つながりあい」をもたらす、「腹側迷走神経複合体」の誤作動が引き起こしているものです。これらが引き起こされる背景には、私たちが作り出す社会や環境が大きく影響しています。

日本のポリヴェーガル理論の研究者である津田真人さんは、日本社会は1990年以降に「交感神経系」が活性化しやすい「ストレスの時代」から、「背側迷走神経複合体」が活性化しやすい「トラウマの時代」へと移行したという洞察をしています。高度経済成長期の「産業社会」では、「闘うか逃げるか」の競争にさらされているストレスフルな社会でしたが、現代のように個人が低成長時代で予測不能な不安にさらされている「リスク社会」では、引きこもりなどの「凍りつき」が発生しやすい状況にあります。

■ ホメオスタティック・ファイナンスとは

　ここで金融の話に結びつけます。金融はよく人体の機能の「血液」に例えられますが、ここでは、「金融」を社会や経済の安全を維持するための「自律神経」が拡張したものとして捉えてみます。そして、ヒトの内面で起きている生命の安全を維持する自律神経が、そのまま拡張して社会の安全を維持する金融の機能を形作っているものと仮定してみます。

　つまり、ヒトの体の内側にある自律神経と、外側の社会にある金融機能とが同じ構造をしたシステムとしてつながっていると捉えてみようと思います。

　ヒトの中にある自律神経も社会や経済にある金融機能も、それぞれが「安全空間」を確保するためにあります。

　市場経済が進展した20世紀以降、金融は経済成長と市場競争を促すストレスフルな社会を後押しました。津田氏の指摘にあるように、そのときヒトの内側では競争社会の中で交感神経が過度に活性化したストレス状態が発生しました。そして、自律神経の機能として腹側迷走神経複合体と背側迷走神経複合体を同時に活性化させる「愛」のホメオスタティック・ダンスから生命の安全を確保しようとしたのです。それにシンクロするように、金融の世界では「リスク回避」のために安全な資産管理の機能が強化されてきました。さまざまな金融技術やマネーサプライをコントロールする中央銀行の機能により、**予測を行いながらリスクをコントロールすることで「無難な安全」を確保しようとしたのです。**

　しかし、過度にリスクを排除する「無難な安全」の状態からは変化や成長が起きません。腹側迷走神経複合体と交感神経系が同時に活性化して**「遊び」を求める「好奇な安全」のニーズが現れてきました。**例えば、それはリスクを一時的に享受しながらも変化を起こそうとしている起業家の人たちの存在です。今日の金融では、起業家のニーズに答えるためリスクを一方的に排除するだけではなく、リスクを許容しながらも変化や成長を促そうとする役割が求められています。金融が持つリスク管理

の機能が、社会の進化を促すために「無難な安全」から「好奇な安全」へとシフトしたのです。

　VUCAの時代を迎え、ヒトの自律神経はホメオスタティック・ダンスをさらに進化させようとしています。それに呼応するように金融も進化していきます。

　それは、予測不可能で不確実でありながらも、リスクを受容しながらも社会が過去の延長線上ではない未来を出現させてそこに新しい形をした「安全空間」を創り出そうとするものです。それは人や社会が「信頼」のもとで獲得できる「自由な安全」です。

　この「自由な安全」とは、本章1「U理論」の項で説明したプレゼンシングの「内なる自己とつながり未来と一体化する」状態を生み出すことを促す金融の新しい形なのかもしれません（図表19）。

【図表19】安全空間の３段階

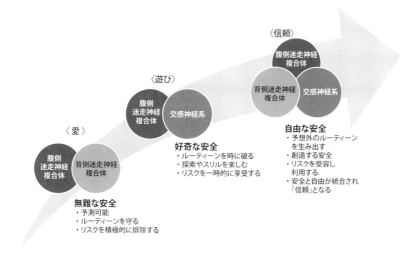

　人間の幸福とは、外側にある経済や社会の環境に影響を受けるものとはいえ、最終的には人間が内面で「生きていく安全」を感じているかどうかでしかありません。

神経生理学の視点から見れば、金融などの社会インフラは、最終的には人間に「生きていく安全」をもたらすためにあるものです。新たな「自由な安全」を手に入れるためには、金融が扱うリスクという概念を再定義する必要があります。私はこの新たな金融機能を「ホメオスタティック・ファイナンス」と命名しようと思います。

　「ホメオスタティック・ファイナンス」では「遊び」と「愛」が融合し、安全と自由が統合された「信頼」として機能する世界を実現します。具体的にそれがどんなものかはこれからの本当の「価値を大切にする金融」の探究のテーマとして置いておこうと思います。

第 3 章

リーダーたちのストーリー

▶▶▶ JPBVリーダーシッププログラム メンバー

私がSHIFTを始めたワケ

株式会社金融経営研究所 代表取締役 所長　**山口省蔵**

○ 人はどのようにすれば変わるのか──日銀で得た気づき

　1987年から2018年にかけての約30年間、私は日本銀行で働いていました。そのうち後半の20年近くは、金融機関の考査・モニタリングを行う部署を中心に経験しました。その中で、いわゆる「日銀考査」の仕事にも従事しました。

　日銀考査とは、金融庁検査と同じように、日本銀行の考査員が取引先金融機関に立ち入って、経営状況やリスク管理体制のチェックを2～3週間かけて行うものです。日本銀行は、取引金融機関との間で考査に入ることができるとの契約を交わしており、日本銀行から考査の通告があれば、金融機関としては、特段の事情がない限り断ることができません。

　考査には、金融システム全体の安定のために、個別の金融機関の経営状況を把握すると同時に、問題点を指摘して改善を促す機能が期待されています。日銀の考査員は、金融機関の経営状況、資産査定、リスク管理体制に足りない点があれば、改善を促します。

　私が考査に出向いた先で、「ここは問題がありますので、直したほうがいいと思います」と指摘すると、金融機関の担当者のほとんどは、最終的には「はい、わかりました。直します」とおっしゃいました。当時の私は、それで「金融機関の役に立った」と考えていました。

　しかし、思い返してみると、担当者の方は、指摘された部分だけを直していたのです。指摘した文脈を考えれば、関連分野で当然見直すべき部分が残っていても、それらは放置されていました。担当者の「はい、わかりました。直します」という言葉は、私の指摘に納得していたからではありませんでした。逆らうと面倒くさい。だから、指摘があったと

ころだけを直しておこう、となっていたのでしょう。

　私は担当者の方に、一生懸命に腹落ちしない話をしていたのですから、決して金融機関の役に立っていたわけではありませんでした。検査する者とされる者の立場の違いは、表面的な納得を得ることにはプラスとなっていたかもしれませんが、本質的な納得を得ることにはむしろマイナスとなっていた気がします。こちらが上の立場で押しかけて足りないところを指摘したところで、相手の本当の気持ちを変えることは難しかったということです。

　日本銀行での最後の7年間、私は金融高度化センターという部署に在籍しました。金融高度化センターは金融機関の機能向上を支援する組織で、金融機関向けにセミナーや勉強会を開催していました。

　金融高度化センターが開催するセミナーへの参加は任意です。金融機関はそれぞれ希望するセミナーにだけ参加します。もちろん、セミナーで話されている内容についても、納得したものだけを参考にすればよいのです。考査とは異なり、金融機関への圧力はありません。金融高度化センターのセミナーでは、日銀の職員が各金融機関を回って、「これは」と思った良い取り組みを紹介していました。足りない点の指摘ではなく、優れている点を取り上げていました。この点も考査とは異なります。

　金融高度化センターの、当初のセミナーは、日本銀行の職員が講師として話す部分が多かったのですが、日銀の職員が話をしても、金融機関の方々は「日銀が言う理屈はわかるけど、実務はいろいろとあって、大変なんだよ」という気持ちで聞いていることが伝わってきました。セミナーのたびに、匿名のアンケートを取っていたので、だんだんと参加者の本音が見えてきます。そこで、日銀の職員が話す部分を減らす代わりに、各金融機関の実務家に直接話してもらう部分を増やしたのです。新しい分野で実績を挙げた金融機関の職員を探しては、「その取り組み、いいですね。他の金融機関の方々にも紹介してもらえませんか？」と、金融高度化セミナーへの登壇を頼んで回りました。「世の中のためになるのであれば」と快諾いただいた方々に話をしてもらうことができました。

セミナーの参加者は、自分と同じ立場の実務家が話すのですから、「実務はいろいろとあって、大変なんだよ」といった言い訳が浮かびようもありません。むしろ、同じ金融機関の職員として課題を乗り越え、新たな取り組みで成果を挙げた話を聞いた人たちからは、「自分もやってみたい」、「戻ったら、上司に働きかけてみます」などのポジティブな回答が多かったです。

　私自身の中では、日銀考査の時も、金融高度化センターの時も、「金融機関の役に立ちたい」という気持ちはまったく同じでした。しかし、セミナー後のアンケートを見て、問題点を指摘するよりも、「現場の金融マンが語る熱い物語のほうが金融機関を変えられる」と思いました。

　アンケートには、参加者の方々からのお礼の言葉も書かれていました。「感動した」と書いてくれる人もいました。私が日銀時代に関わった仕事の中でも、誰かに「感動した」と言ってもらえたのは、このときだけです。そもそも、日本銀行の仕事は顧客にお礼を言われることはほとんどありません。日本銀行の目的は物価の安定であり、金融システムの安定で、最終的な顧客は国民全体です。その物価の安定も金融システムの安定も、平常時には誰も気づきません。不安定になってはじめて、「何をやっているんだ！」と気づかれるような仕事です。

　顧客からの「ありがとう」の言葉がこれほどうれしいことだとはじめて知りました。上司や人事の関係者には、金融高度化センターの仕事を長く担当させてほしいと頼み込み、最終的に7年間も携わらせてもらえました。

　その後、異動の話が持ち上がった2018年、私は日本銀行を辞めて、続きを自分でやることにしました。日銀は、金融機関に無料でセミナー等のサービスを提供していましたが、民間の事業となると、無料では食べていけません。日銀の看板を背負って取り組んできたことをその看板を降ろして、無料で提供していたサービスを有料で提供することにしたわけです。無謀な挑戦だと自分でも思いました。でも、どうしてもやりたかったのです。

○ なぜ金融マンは冷めている？ 組織の構造の問題に目を向けたきっかけ

日銀を辞め、株式会社金融経営研究所を設立した私は、「金融マン個人」に注目しました。金融マン一人ひとりが活性化すれば、金融機関がより便利なサービスを提供するようになり、世の中も豊かに変わる。それを目標にしようと考えました。

金融マンはみな優秀な人ばかりなのですが、少し冷めているので、「まずは、個々の金融マンを熱く活性化させることから始めよう」と思いました。そこで、金融関係者向けのセミナー等の事業を、「熱い金融マン協会」と銘打って展開することにしました。現在は年間100名ほどがこの協会のセミナーに参加されています。

そうして見えてきたのは、金融の周辺分野は課題だらけである一方で、どの金融機関も従来の枠を超えることに慎重な体質であることでした。思い切って踏み出していけるならば、金融はチャンスだらけになると思えました。金融界に変革者が現れれば、社会の課題の多くが解決されていくはずです。

先にも書いたとおり、金融マンはみな優秀です。ただ、職業がらなのか、少し冷めている人が多く、それが能力の発揮を妨げていると思っていました。日銀時代の経験からも、「金融マンが語る"熱い物語"こそが金融機関を変えられる」と考えました。熱い金融マンを囲んでの対話が、何かを変えていくのではないか、との期待がありました。

しかし、熱い金融マン協会を始めてほどなく、私は、「金融マンが冷めているのは個人の問題なのか？」と考えるようになりました。金融機関で働く人たちは、なぜ就職先に金融機関を選択したのでしょうか？「安定した仕事」が理由である人も一定数いると思いますが、「日本経済を元気にしたい」「地元企業を応援したい」と熱い思いを持って志望した若者も大勢いるはずです。

他方で、新卒採用の行員が、入行後3年間で3分の1も辞めてしまう

銀行も珍しくないとの話も聞こえてきます。

　例えば、入行してすぐの新人が個人向けの運用商品販売担当に配属された場合、販売ノルマをこなすために、自分の親類や近所の知り合いの人たちに売らざるを得ないことになります。投資してくれた皆さんに利益が出ているうちはよいとしても、含み損になったりすると、地元でも顔を合わせにくくなり、銀行を辞めて地元を離れ、都市部の企業に再就職するケースが多いと言います。顧客に嫌な思いをさせたのを苦に退職してしまう、という話です。多くの心ある若者が辞めてしまい、残った人が冷めていく……とすれば、「それは個人の問題ではなく、組織の構造に問題があるのではないか？」と考えるようになりました。

　多くの金融機関、大企業、官庁で働く人たちは、階層型の「ピラミッド組織」で働いています。そこでは上位階層からの評価により、報酬や地位などが左右されます。そのような組織の賞罰（アメとムチ）を使った運営は、働く人の気持ちを冷めさせてしまうのです。

　しかし、金銭や地位などの報酬とは別に、働くこと自体にも喜びがあります。私が感じた、顧客からの「ありがとう」も同じです。世の中には、現場で働く人たちのそうした内在的な労働意欲を活かそうとする組織もあります。私は、2019年はじめに、このような金融機関の組織の変革を目指す研究会を立ち上げました。この研究会には、金融機関の経営者や金融庁の組織改革担当者を誘い、1年間ほど続けました。そしてその研究結果を踏まえ、組織改革の研究会にも参加してくれた江上広行さんや坂本忠弘さんとともに、『金融機関のしなやかな変革』（山口省蔵・江上広行・坂本忠弘著、金融財政事情研究会）という書籍を出版しました。

○ JPBVリーダーシッププログラムの構想に着手

　『金融機関のしなやかな変革』の執筆が一段落した頃から、私は、変革を目指す金融マンを仲間で支えるような取り組みができないか、と考え始めていました。1人で変革を目指すことは無理なので、仲間、いわゆるコミュニティを提供するようなプログラムが必要だと思っていました。その時ちょうど、江上さんから、「JPBVで人材開発プログラムを始

めようと考えているのだけれど、何かプランがありますか？」と声をかけられて一緒に構想を練ったのが「ＪＰＢＶリーダーシッププログラム」（ＳＨＩＦＴ）です。

　その準備が始まったのは、2020年末でした。コロナ禍の真最中です。私は、この時期に、金融機関の各協会（地銀協、第二地銀協、全国信用金庫協会等）の人材開発担当に、話を聞いて回る機会がありました。新型コロナの影響から集合型の研修ができなくなっていることが課題の一つでした。一方で、ウェブ会議の普及から、単なる知識の吸収であれば、遠隔型の研修でも十分に可能であることが証明されました。だとすれば、集合型の研修の意味は何なのでしょうか？

　多くの人材開発の担当者が、「それは仲間を作ることだ」と言いました。一緒に懇親会をしたり、夜を徹して議論したりして、互いを知る。すると、その後の金融マン人生において、電話などで「こういう時はどうしているの？」と、離れた職場にいる仲間同士の情報交換ができるなど、それぞれを支え合う関係ができます。それが集合型研修の財産ということでした。「山口さん、研修は懇親会に意味があるのです」とおっしゃる人もいました。この話を聞いて、私は、コミュニティを提供する人材開発プログラムは、単なる知識を提供するもの以上の価値がある、と感じたのです。

　今でもＳＨＩＦＴにおける主要なイベント、対話会、連絡は、オンラインでのウェブ会議やＳＮＳを使って行われています。そもそも参加者が全国に散らばっているので、リアルで会うことを中心に据えられないというのもあります。

　サービスの中核がコミュニティの提供であるにもかかわらず、そのイベントの多くをウェブ経由で行うことに関しては、かゆいところに手が届かない感じになるのではないか、と思う方もいるかもしれません。もちろん、リアルで会うほうがより濃厚な時間を過ごせると思います。しかし、ウェブであるからこそ、集まるコストが低くて済むがゆえに、異なる組織に所属する者同士で繰り返し定期的に対話の機会を得られるともいえます。

○JPBVリーダーシッププログラムがスタート

　2021年の1月から、JPBV会員や熱い金融マン協会会員などを中心に、JPBVリーダーシッププログラムの説明会を実施しました。そこで、プログラムの目的が「変革者を支援する」ものであることを説明しました。また、「参加者本人がこのプログラムへの参加を希望していること」を参加条件にしました。「銀行から言われたので、本意ではないが参加します」という人はお断り、の姿勢です。結果として、4月開講段階で、十数名の応募を得ました（SHIFTという愛称は、プログラム開始後に、プログラム参加者を交えて決めたものです。金融のパラダイムや自分たちのリーダーとしてのあり方を「SHIFT」させていこうという意味が込められています）。

　保守的な金融機関を対象に「変革者を支援するプログラムですが、参加しませんか？」と言って募集してみたのです。どんな参加者が集まるのか、興味津々でした。

　4月からの開始に先立って、事務局は分担して、応募者との1on1（1対1での対話）を行いました。1on1が一通り終わった時の参加者全体の印象を一言で表すと、それは「自己変革をしつつある人たち」でした。バンカーに対する長年の先入観から、硬い殻をかぶった感じの人をイメージしていましたが、その期待は、うれしい方向に裏切られました。

　もちろん、参加者によって思いの濃淡はありました。すでに具体的な変革の目標をもっている人もいれば、「何かを変えたいと思っているのですが、自分が本当にやりたいことが何なのか、よくわからない」という人もいました。「自分が本当にやりたいこと」は、わかりにくいのが普通です。やりたいことをやるために、日銀を辞めた自分でさえ、いまだに「これは私が本当にやりたいことなのか」と迷う時があります。**参加者の目的を一緒に探究する対話**は、このプログラムのメインとなるコンテンツでもある、と思っていました。

　変革が進まない組織にいる人たちの共通した特徴は、その原因を自分

以外の他者（経営者、他部署、上司、部下、金融庁、金融環境等々）の
せいにしていることです。「他者のせい」という意識は、「自分は変わる
必要はない」という意識に通じています。したがって、全員が現状の問
題を他者のせいにしてしまう人たちの集団は、誰も変われません。変革
を生むリーダーとは、組織の問題について、「自分がその問題の一部で
ある」と受け止め、小さいことであっても改善に向けた行動を起こすこ
とのできる人のことだと考えています。

　しかし、何か問題が生じている時、自分のせいだとは思いたくないの
が人情です。人は、誰かにほめられるような成果については「あれは、
俺がやったんだ」と考えがちだし、非難されるような問題については「あ
れは、○○のせいだ」と他者のせいにしがちです。そう考えることによっ
て、自身の精神の安定が図られる面もあります。
　「自分がこの問題の原因の一部である」との考え方は、正しいか、間
違いかということではありません。自分のあり方の選択（＝自己定義）
でしかありません。例えば、子どもが兄弟喧嘩ばかりしているという問
題の場合、それを「子どもの問題」とすることもできれば、親としての
「自分の問題」とすることもできます。ただし、どちらで定義するかによっ
て、その後の自分の行動は異なります。組織や社会との関わりも同様で
す。ＳＨＩＦＴが意図していることは、金融機関や金融を取り巻く社会
の問題を「自分の問題」とする人材を生み出すことにあります。

　この考え方は、第2章で説明されているシステム思考でもあります。
"目の前の問題は、さまざまなものとつながっている。"なので、**"自分
も何かしらつながっている。"**すなわち、「問題があるのなら、自分もそ
れとつながっている」との考え方です。
　「自分が問題につながっていない」と考えてしまうと、問題を解決で
きるのは、自分以外の他者になります。しかし、自分が問題とつながっ
ているのであれば、自らの行動の変化は、問題に影響を与えることがで
きます。私たちが定義する「リーダーシップ」とは、自分を問題の一部
と捉え、自分が変わることによって問題の解決に近づこうとする行動の

ことです。

この場合、客観的な立場よりも、本人がどう考えるかのほうが重要です。例えば、銀行の頭取であれば、その銀行のリーダーのように客観的には見えます。しかし、頭取が銀行の構造的な問題に対し、その原因が低金利や人口減少といった環境や、自分以外の行員の能力にあると考えているだけだとしたら、私たちは、この頭取をリーダーとは捉えません。自分を問題の外に置いているからです。

一方、たとえ入行1年目の新人行員であったとしても、銀行が直面する構造的な問題に対し、「自分がその一端となっている」と考え、自分の行動を変えようと動き出しているのだとしたら、私たちは、この新入行員こそが変革のリーダーだと捉えます。

このように、リーダーシップを発揮する出発点として重要なのは、本人自身の内面における問題の捉え方です。

このプログラムへの応募者を見る限り、「変革にとって重要なのは、自分を変えること」という意識をすでにもっているように感じました。

【図表1】 金融庁の改革の必要性

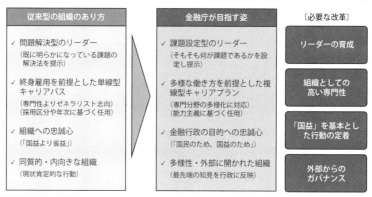

（出所）「金融機関の組織改革に関する勉強会」（第3回）金融庁新発田氏資料

　ＳＨＩＦＴに最も多くの参加者を送り込んできた組織は、金融庁でした。さらに、このプログラムを金融庁として公式に「後援」すると表明してくれました。

　金融庁は、近年の金融行政方針において、「金融庁の改革」を目標に掲げています。「自分たちが変わろう」と考えているのです。この考え方の背景には、「自分たちは、日本の金融における問題の原因の一部である」との意識があります。これは、前述のとおり、第2章の「システム思考」でも触れられている<u>「あなたもシステムの中にいる」と捉える</u><u>「変革を生むリーダーの思考」</u>です。従来の金融庁は、日本の金融における問題の原因である金融機関を是正するだけの組織でした。自らがその問題の一部であることを意識することは、心情的には難しいことです。金融庁は、その最初のハードルを越えたように見えました。だからこそ、組織として、コンセプトに共感したのだろうと思いました。金融庁が寄せてくれた共感は、事務局の面々に勇気を与えてくれました。

　金融庁からの当初よりＳＨＩＦＴの参加者であった栗田亮さん（本章でも寄稿してくれています）は、今では当プログラムの事務局をサポートする立場にあります。また、栗田さんは「対話する金融庁」（金融庁の政策オープンラボチームが中心となってバンカーと対話するイベント）の主宰もしています。この「対話する金融庁」にはＳＨＩＦＴ事務局が運営に協力しています。

○ 変革に向けた問い

　ＳＨＩＦＴでは「あなたがやりたいことは何ですか？」という問いが絶え間なく問われます。なので毎月「やりたいこと」を宣言するプログラムになっています。ＳＨＩＦＴでは、参加者が何をやりたいと言ったとしても、反対されることはありません。そのチャレンジがどのような結果になったのか、それに何を感じたのか、これからどうしたいのかが問われ続けられるだけです。

　私は、金融界における熱い金融マンを探して、紹介するといった仕事をしていますので、金融界における変革の事例を聞く機会が少なくありません。以下に事例を2つ紹介したいと思います。

1つめは不良債権問題が重石となっていた2000年頃の、とある信用組合の事例です。「不良債権を売却しましょう」と理事長に進言した管理部長は、「ばかやろう、うちをつぶす気か！」と怒鳴られました。不良債権を処理すれば、損失が顕現化し、赤字決算によって信用を失う懸念があったからです。

　しかし、その管理部長は、営業店のほとんどが不良債権管理に追われ、前向きの融資に取り組めていない状態を見て、「不良債権を処理しなければ信組はつぶれる」と思い、粘って処理を認めてもらいました。その後、この信用組合では、不良債権のほとんどをバルクセールするようになります。営業店を前向きの融資に集中させることにより、融資申込みに対し3日以内に可否を返答する体制を作り、目覚ましく業績を伸ばしました。

　2つめは2005年頃、とある信用金庫において、地元の活性化プロジェクトを支援したいと願い出た職員の事例です。しかし、金融庁が金融機関によるコンサルティング業務を認めてから日も浅い時期であり、事業支援は金融機関の仕事とは思われていなかったので、「それは信用金庫の仕事ではない」と言われてしまいます。ところが、その職員は諦めずに業後にボランティアとして地元商店街の活性化施策を手伝い始めました。

　そのうち地元で、「おもしろい信金職員がいる」との噂が立ち、その噂を聞きつけた地元自治体が地域活性化の委員会を設置する際に「委員長になってほしい」と頼んできました。それを契機に、事業支援が信用金庫の仕事として認められることになります。その後、その信用金庫は、事業支援部を設置し、地域活性化支援の先進金融機関として有名になりました。

　これらの事例には、変革の共通点が示されています。その1つは、その取り組みを始めた時に「そんなの絶対うまくいくはずない」「そんなの金融機関の仕事じゃない」といった組織内の大反対があることです。変革の事例は、従来の常識を変えていくものなので、従来の常識で判断されれば反対される、ということです。

もう1つは、それでもやり続けたことです。「ばかやろう」と言われたけれども、きっとうまくいくと信じて、やり続けた。

「こんなの金融機関の仕事じゃない」と言われたけれど、やりたくてしようがなくて、プライベートでやり続けた。そういったものが変革に結びついています。

私は、金融機関で行う変革の研修の講師として、「あなたがこの銀行で本当にやりたいことは何ですか？」という問いをよく出します。そこで、よくある反応は「そんなこと、考えたことがない」というものです。言われたことをちゃんとやる仕事を続けてきたからだと思います。自分が本当にやりたいことを考えなくても、職員として評価されてきたからだと思います。しかし、金融機関を変えたいのであれば、言われたことをちゃんとやるだけでは、足りないのです。自分がやりたいことは何なのか、を考える必要があります。

○ 醸成されるコミュニティ

バンカーの多くは忙しそうですが、SHIFTメンバーの中には、イベントに参加するだけでなく、自身の独自イベントを企画する人もいました。例えば他のメンバーとの1on1を広範囲に行っていく人が現われました。はたまた「オンライン読書会をやりましょう」と企画する人もいました。ベースキャンプ・セッションのテーマに関わる本の読書会をオンラインで行おうというものです。そのほかにも、メンバー同士で飲み会をやっている人たちもいます。

組織にイノベーションをもたらす人材は「変人や新人」と言われます。それらの共通点は、組織内の文化に染まっていないということです。「変人や新人」は、組織の境界線近くにいるか、その外側からやってくるがゆえに、組織内では気づかなかった新たな価値をもたらす可能性があります。SHIFTは、金融機関組織の内側にいる人を境界線の外側に連れ出して、バウンダリースパナー（越境人材）にするものです。

バウンダリースパナーとは、公式の権限がないにもかかわらず、異質な組織／個人の境界を連結することによって組織行動に影響を及ぼす存在のことです。

こうしたバウンダリースパナーの支援には、組織の境界を越えて集まる人材のコミュニティが重要な役割を担います。

　以前プログラムに対する参加者の感想を聞いた時、

「目線が高い金融マンたちとの対話が楽しい」

「多様な個性のバンカーと出会えてうれしい」

「参加者それぞれの変革へのプロセスの話を聞いて、得るものが多かった」

という声を聞きました。

　多くの人が、参加者同士のつながりをこのプログラムの価値として挙げたのです。その時、私は「コミュニティを提供するというＳＨＩＦＴの方向性は間違っていなかった」と感じました。

　ＳＨＩＦＴを始めて間もなく、「リアルで会いたい」との声が挙がりました。Zoomを使って画面越しに対話を続けていくうちに、より深くお互いを知りたいとの気持ちが生じました。ＳＨＩＦＴでは、これを受けて、合宿が行われるようになりました。

　合宿は、半年に１回程度、行われています。これまで、宮崎、福島、山梨、東京で開催してきました。それぞれの地域にいるＳＨＩＦＴメンバーがホストになって開催する方式を取っています。合宿においては、地域の視察のほか、地元金融機関の役員や地元事業者との対話会などが設定されてきました。そうした地域での対話も貴重な経験です。ただ、最大の価値は、普段オンラインで対話しているＳＨＩＦＴメンバーがリアルで会うということだと思います。

○ 伝播する対話

　ＳＨＩＦＴを始めて、２年が経ち、15人だった当初の参加者は、入れ替わりもあるなか、2023年に入って30人近くとなってきました。多くの人が属する組織からの研修費ではなく、個人として自費で参加しています。

　一方、ＪＰＢＶ加盟金融機関（約20先）を中心に、金融機関側が費用負担する形で、研修の一環として職員を参加させているケースもあります。この場合、参加者は、銀行から勧められたことを契機に参加しているので、当初は普通のまじめなバンカーだったりします。

　組織から勧められて参加した人は、ＳＨＩＦＴの中の変革者たちからの刺激を受けると同時に、対話（自分の話を傾聴してもらうことによって生じる内省）の効果を実感するようです。

　すると、その人たちが、自分の金融機関の中で対話会を始めるようになるパターンがあります。誰に言われたわけでもなく、自分が体験した対話を仲間に提供しようとするのです（なお、対話が成立するには、①傾聴、②お互いの違いへの尊重、③価値判断の保留、④心に浮かんだことを正直に話すこと、の４つの条件を満たす必要がある、といわれています）。その対話会の中で、ベースキャンプ・セッションで提供されるスキルを試行したりしているそうです。

　変革に取り組んでいるＳＨＩＦＴメンバーに対して、他のメンバーができることは何でしょうか？　物理的なサポートはほとんどできません。取り組みの多くはそれぞれの金融機関の中で行われているからです（もちろんメンバー同士で連携して行われている取り組みもあります）。

　結局、他のメンバーがやれることの多くといったら、話を聴くだけです。「どうにもうまくいかなくなった」と言われても、私たちは「そうなんだ」と聞くだけでした。それでも自分の失敗の話を傾聴してもらえます。自分のつまずきを正直に話すことで、胸のつかえが少し減ることがあります。自分の願いに正直に生きる勇気が湧くことがあります。「失敗したらまた聞いてもらえるネタになるさ」と思えて、再び立ち向かえる気持ちになることがあります。

　そんな対話の場を自分の職場に作ろうと動き始めたＳＨＩＦＴメンバーを目にしていると、私は「いずれ日本の金融は変わる」という気持ちになるのです。組織の境界線を越えてプログラムに参加した人たちが、自己変革をもたらす対話を金融機関内部に広めてくれれば、いずれ金融機関内部で変革者人材が共創されていくことになり、その次には、顧客企業に対する金融機関のサービスとして、対話による変革を共創していくことになるのではないか、と期待しています。

　一方で、そうした変革の実現までに多少の時間がかかっても構わない、と思っています。みんなの話を聴き続けること自体が楽しいのですから。

私は、これからもＳＨＩＦＴメンバーとの対話を楽しんでいきたいと思います。

変革への実践ストーリー

東邦銀行 個人コンサルティング部　**馬場貴裕**

第1章

再定義される金融機関の人材開発

第2章

「再定義される人材開発」の用語辞典

第3章

リーダーたちのストーリー

　私は、2021年4月、ＳＨＩＦＴの第1期生として参加しました。このプログラムでいったい何が起きていくのか、そのときはまったくイメージが湧いていませんでした。しかし、その後の2年で体験したことは、私にとって自身を大きく成長させるものでした。ＳＨＩＦＴでの対話の積み重ねから「価値を大切にする金融」の一筋の光が見えました。そして、自身の価値観やあり方を言語化し続け、仲間の価値観やあり方を聴き続けた結果、より成長するバンカーの仲間が増えていきました。

　私が読者の皆さんにお伝えしたいのは、そんな成長するバンカーを増やしていく取組事例です。

○ ビジネススクールでの試行錯誤（2019〜2020年）

　私は銀行で相続や事業承継のコンサルティング業務をしながら、ビジネススクールへ入学し2019年3月に卒業しました。ＭＢＡ（経営学修士）を取得し、志の高い仲間を得て大きな挑戦の歩みを進めていく気持ちに溢れていました。

　一方、本業では自身の力を発揮できていないジレンマを感じていました。私はさまざまなケースメソッドを通じた学びのシャワーを浴びてきたはずなのに、自身の力を発揮できていないと感じる日々は、私自身を苦しめていきました。例えば、さまざまに学んだ戦略的思考を使おうと試みるも失敗を繰り返す日々でした。当時を振り返ると前向きな気持ちよりも苦しさが大きかったように思います。

　その中で私は、「2030ＳＤＧｓ」というカードゲームの体験会に参加します。私がＳＤＧｓに関心を持ったことにはいくつか伏線があり

ました。

　高校時代、赤十字活動の一環でタイへ行き、住みよい社会、環境に対しての関心が高まりました。大学生になると、ウェールズへ短期留学する機会に恵まれ、現地の再生可能エネルギーの状況や環境への取り組みについて学んだことがあります。そこで、私たちの地球に想いを馳せるようになりました。

　社会人になり、非常に印象的な出来事もありました。私はサッカーJリーグのベガルタ仙台のサポーターであることもあり、2013年にそのベガルタ仙台がACL（AFCチャンピオンズリーグ）というアジアの舞台に進出した際、私もサポーターとして中国の南京へ行きクラブを後押ししました。ただのサポーターであるにもかかわらず、スタジアムへ行く前に警察に顔写真を撮られ、パスポートのチェックを受けスタジアムへ向かったのです。100人ほどの日本人サポーターに対し、その何倍もの警官が警備していたことを覚えています。日中関係が非常に難しいタイミングであったこともあるでしょうが、改めて平和やグローバルでのパートナーシップを考えさせられる機会となったのです。

　そんな経験からも、このカードゲームを通じSDGsの考えを共有する仲間を増やしていきたいと思い、２０３０ＳＤＧｓゲーム公認のファシリテータになりました。それが、東邦銀行で副業を開始するきっかけにもなりました。この行動は、私のこれまでの体験から生まれたものだと思います。そして、この行動が大きな変化をもたらします。ＳＤＧｓを起点とした仲間ができたとともに、未来を考える癖がつきました。ファシリテータになった後、コロナ禍に入り対面形式での研修やワークショップはほとんどできませんでした。それでもオンラインでのワークショップの設計に挑戦するなど行動し続けました。そして、行動し続けた結果が出るようになりました。そこには、どうやるかではなく、私自身が未来に向けてどうありたいかを自分自身に問いかけ続ける、私自身のストーリーがありました。

○バンカーとしての私とSHIFTへの参加（2021年4月）

　副業で試行錯誤する日々の中、私の中に１つの問いが生まれます。「バンカーとしての私は、自分が何者なのか語ることができているのか」というものです。そのときの私は、「私はバンカーとしての自分のあり方を語れるようになりたい」「語れない自分が悔しい」と思っていました。

　私は本業に本気で向き合えていない自分に気づいていたはずなのに、行動に移そうとしていませんでした。副業をすることで自分の価値を高めようとしていた自分がいました。バンカーとしての自分と向き合うことから逃げていたようにも思います。

　しかし本当に不思議なものです。副業が逃げ道だったにもかかわらず、行動を繰り返していたら、本業に向き合う大きなきっかけを与えてくれました。

　その想いを心の中に置きながら、SHIFTに参加することになります。2021年4月のことでした。そこには私の話を受けとめてくれる仲間がいました。そして、バンカーとしてのあり方を探求する方々が集まっていました。私はすぐに、「バンカーとしての私」、「東邦銀行での私」のあり方に本気で向き合いたいと思うようになり、その想いを仲間にぶつけました。SHIFTの仲間はそれを自然体で受けとめ、私の話を聴いてくれました。SHIFTの活動は、同じ業界の人たちが集まり、それぞれの話を聴き、受けとめ対話するというシンプルなものですが、私にとって非常に重要な意味がありました。

　それは、私の行動の振り返りが常にできる場であることです。もちろん、行動を後押ししてくれる仲間の存在は重要です。しかし、それ以上に行動した結果の振り返りを一緒にしてくれる仲間であることがさらに重要です。同じ業界の仲間だからこそ出てくるリアルなフィードバックやコメントが次への一歩の活力となりました。

最初の企画案（2021年5月）

　私は東邦銀行で信託事業を推進しています。主に相続や事業承継というテーマを扱います。日々、家族のあり方と向き合う仕事です。ＳＨＩＦＴに参加して、私は一人のバンカーとして、「対話を通じてお客様の価値観に丁寧に触れ、本気になって寄り添う」ことが自身のあり方だろうと強く感じるようになりました。そして、その対話を通じて本気になってお客様に寄り添う姿こそ、東邦銀行での私なのだろうと言語化できるようになっていきます。

　ＳＨＩＦＴに参加して1か月後の2021年5月に、現在も実践している対話カフェ（東邦銀行の行員同士が学び合う、対話を通じたコンサルティングスキル向上プログラム）の最初の企画案を作成しました。私自身の成長だけでなく、東邦銀行で一緒に働く仲間の成長を後押しする何かがしたいという想いからです。対話カフェの企画骨子と目標（ゴール）は次のとおりです。

〈対話カフェの企画骨子〉
❶ コンサルティングを自分ごと化する機会を提供したい
❷ 対話とは何かを学び、メンバーに伝えられる仲間を増やしたい
❸ 学び・行動するサイクルを作る機会を提供したい

〈対話カフェの目標（ゴール）〉
❶ 対話を通じ、自分と仲間を成長させていくこと
❷ コンサルティングを自身の言葉で語れるようになること
❸ 自身のコンサルティングスタイルを確立すること

　この企画の中でとくに重視したのは、「学び・行動するサイクルを作る」ということです。銀行では、どうしても学びや気づきが一過性のものとなることが多いと感じていました。学び、振り返り、そして行動するというサイクルを作る仕組みをどうしても入れたかったのです。

○ 部内でのトライアル開始（2021年7月〜）

　この企画案の最初は、同じ課で働く仲間内でトライアルを実施することから始まりました。会社の仲間は、勤務時間外の土日の夜に1セッション90分のオンラインワークショップに参加してくれました。本当にありがたいと感謝の気持ちを強く持ったことを覚えています。

　「対話とは何か」「対話を深める問いのスキル」「海外金融機関の事例」「ＳＤＧｓ・ＥＳＧ」等のテーマを扱い、対話を深めていきます。コロナ禍のスタートでもあり、さらに住んでいる地域もさまざまであったことから、対話カフェはトライアル以降すべてオンラインで実施しています。このトライアルで、「思考が深まった」「対話する意味がわかったような気がする」「他の行員にも参加させたい」等の多くの前向きな声を頂戴しました。

　そして、上長の了承を得て、行内で参加者の募集を開始することになります。

○ 私自身の成長への新しい挑戦（2021年9月〜）

　対話カフェのトライアルと時期を同じくして、私は自身の成長のために新しいチャレンジを始めます。対話のスキルを高めるために、新しい副業としてYeLLという社外1on1を提供するサービスのサポーターに登録しました。ここでは、金融業界以外の方と仕事として1on1を実施します。1on1でとくに鍛えられるのは、「聴くスキル」と「問いのスキル」です。相手の話を聴き、相手が悩んでいること、話したいことを引き出していくのですが、当然そのためには相手の話をよく聴き、適切な問いを投げかけねばなりません。そして、相手が自ら気づき、行動につながるように対話していくのです。これを仕事として行うことで、圧倒的なスピードで私自身が成長していると実感できるようになりました。

　社外1on1では、相手からの評価もタイムリーにフィードバックされます。私がきちんと話を聴けていたか、適切な問いを投げていたかの点数がつくのです。この繰り返しが私自身の成長を加速させていきまし

た。そして、この1on1がとても心地よい時間にもなっています。

　なぜなら、仕事をしているにもかかわらず、1on1のセッションの最後に、「馬場さんに話を聴いてもらって、ありがとうございました」との言葉をいつも頂戴するのです。この感謝の言葉にいつも涙が出そうになります。

○対話カフェの本格始動（2021年11月〜）

　課内でのトライアルを経て、対話カフェは本格的にメンバー募集を開始します。メンバーの募集は課内の仲間が個別に声をかけて集めてくれました。仲間の存在に本当に感謝です。

　対話カフェの1期メンバーは8名集まりました。年齢も勤務地もさまざまな8名です。ワークショップの希望時間をメンバーに確認したところ、日曜日の20時スタートがいいとのことで、1期メンバーとの対話の場はほぼ1か月に1回、日曜日の20時から90分間行いました。

　約1年、合計で11回のワークショップを実施したのですが、この1年を通じて、**学び、振り返り、行動するというサイクル**を繰り返していったことに大きな意味があると思っています。

　当初はチャットに意見を入力することに遠慮がちだったメンバーも、どんどん自分の意見をぶつけていくようになります。すると、次第に対話の場で生まれる化学反応を楽しむようになっていきます。おそらくメンバーも知らず知らずのうちに自身のあり方や価値観に触れ、それを言語化することを繰り返しているのだと思います。私にとってメンバーの成長は本当に嬉しく、頼もしく感じました。

　この11回のワークショップの中では、ＳＨＩＦＴの関係者の方にもご協力をいただきました。事務局の江上さん、山口さん、清水さんに実際にメンバーとの対話に参加していただきました。これもメンバーにとって貴重な対話の場になったことではなかったかと思います。そして、私自身もＳＨＩＦＴの仲間たちとの対話で自身の行動を振り返る時間を作り、挑戦を継続させることができました。

　1期メンバーの卒業時のアンケート結果を一部ご紹介します。

〈あなたにとって対話カフェはどのような存在ですか？〉

❶ 対話による「コミュニケーション×ブレインストーミング」ができる場所。

❷ 仕事の仲間でありながら、いつもは話せない会話をする不思議な存在。

❸ 一緒に働いたことのない職場の人と悩みや人生観について話し合える場。

❹ 毎回気づきがあり、終えた後はいつも満足感があった。

❺ 仕事仲間である以前に、人と人とのつながりの重要性を実感できるとても温かい存在。

〈対話カフェで出会った仲間との対話はあなたにとってどのようなものでしたか？〉

❶ それぞれのポジションに寄らないフラットな意見を交換できる貴重な場所。

❷ 考え方についてはっとさせられる場面が多かった。

❸ 同じ銀行でありながら、会ったこともなければ話したこともなかった人たちが、目指すところは同じであり、かけがえのない時間。

❹ 同じ銀行に勤める者として悩みを共有できる一方で、銀行では出会うことのできないゲストの方のお話を聞き、毎回ハッとすることが多くあった。

〈その他自由に思うことがあれば、記載ください〉

❶ こうした場にお招きいただけたおかげで、毎月自分の今や、他の方の今を知り、共感やそんな意見があるんだなといった発見があり、日曜日、また明日から頑張ろうという気持ちになりました。こんなに温かく、気づき、学びのある場を作っていただきありがとうございました。

❷ 1年前、仕事のやりがいやモチベーション維持にとても悩んでいた時期に、この対話カフェに誘っていただきました。対話カフェで皆さんとお話しする時間が心の拠り所となり、同じ金融業界に携わる素敵なゲストの方々との触れ合いを通じて、大切な価値観に気づけたように思います。こうして貴重な機会をいただけたこと、心から感謝しています。

○ 対話カフェの今と未来

　2023年12月現在、対話カフェは2期メンバーが卒業していきました。2期メンバーは基本的に朝のセッションとして土日の朝7時スタートで実施しました。参加者アンケートから「回を重ねるごとにものごとに向き合うことの大切さを学んだ」、「何を話しても否定されず受けとめていただけるような雰囲気が心地よかった」との声がありました。朝活は大

変だったと思いますが、その分継続して参加してくれたメンバーの今後の成長が期待されます。私自身は、前向きに学ぶ仲間が増えていることに喜びを感じています。

　私が東邦銀行で実践しているストーリーをあなたはどう感じられたでしょうか。一つひとつは小さな一歩だと思います。しかし、参加者アンケートにあった生の声はその一歩が積み重なると決して小さな一歩ではないことを物語っています。

　金融の変革の実践は、小さな積み重ねによるものです。自身の価値観やあり方を言語化し続け、仲間の価値観やあり方を聴き続ける継続こそが力となるのだと強く感じます。変革の実践・挑戦は2024年以降も続きます。

3

SHIFTでライフシフトを
実現させたバンカー

なりし価値起点イノベーターズ 代表 （所属：南都銀行） **林　大祐**

　私は、ＳＨＩＦＴでは "だいすけ" のニックネームで活動する南都銀行（本店：奈良県奈良市）に所属する銀行員です。ここではＳＨＩＦＴへの参加でご自身の可能性を広げたいと考えておられる方に、効果的な参加のコツを紹介します。

　参加の準備として、おぼろげながらでもチャレンジの種を蒔いた結果、<u>将来こうなっていてほしいという「ありたい姿」を書き留めておくこと</u>をお勧めします。最初は絵にかいた餅だと感じるかもしれません。しかし、これがあると違ってきます。想定どおりにいかない時に気づきを得られる量が増えるということです。目標に対してうまくいった、うまくいかなかっただけではなくて、「このアプローチを実践するには知識やスキルが必要なので勉強や練習をしてみよう」「一人では難しかったので、誰か手伝ってくれる人を探そう」といったように具体的な課題と解決策が見えやすくなります。

　実践やベースキャンプ・セッションでの対話を通じて予期せぬ結果や仲間の反応で解像度が上がってくると自分の新たな課題を発見できるようになります。私も、副業を始める際に何をやるかばかりに気を取られていたのですが、銀行員が副業に取り組める環境作りを整備する必要性を感じるようになり、執筆活動やセミナー講師にチャレンジしました。

　私の場合は偶然だったのですが、ＳＨＩＦＴに参加する直前に勤務先が副業を解禁したので人的資本経営の流れにも乗れるのではないかと考え、手を挙げました。その際に<u>自分のライフワークのビジョンと行動指針を言語化</u>して明確にしました。せっかくプライベートの時間を割いて

取り組むのだから、できれば誰もやっていないけれど価値があることを探すことにしました。

　私がＳＨＩＦＴに参加した当初に考えていた銀行員としてのビジョンについて説明します。自分軸を持って行動したいと考えるようになっていたので、その方向性について言語化することにしました。大きく「金融業界の変化などの外部環境」と「私自身の内面」の2つの視点から検討しました。

　外部環境の一つとして、当時金融庁におられた日下智晴さんから金融庁が自らの改革に取り組み銀行と対話をする取り組みについて伺い、銀行もバージョンアップする可能性が高く、その大きな変化に取り残されないように銀行員もバージョンアップする必要があると考えました。もう一つは人口減少、超高齢化が進み、デジタル技術の進展で従来の仕事がなくなるかもしれない、先の読めない時代になることでした。

　また、「私自身の内面」では息子や娘を持つ父親として、近い将来に子供たちが直面する課題解決につながる種を蒔きたいと考えました。

　自分軸が整理できたのでイメージを図にし、それをFacebookの壁紙にして公表しました。振り返ると、この行動はＳＨＩＦＴに参加する前にした宣言と実践でした。このビッグピクチャーを一枚絵で描いたことでＳＨＩＦＴに参加してその取り組みを加速させる行動に一貫性が生まれました。また、それを見て共感した方々に声をかけていただけて大勢の仲間たちと出会うことができました。

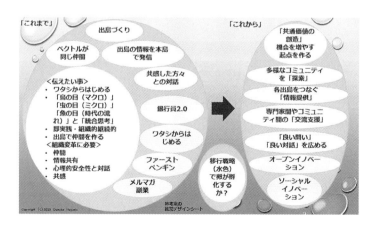

さて、こうした考えをもとに次のビジョンと行動指針を策定しました。

〈ビジョン〉
❶ 私たちは人々が幸せや豊かさを感じられるイノベーションが紡ぎ出されるように、共通価値を創造する起点になるイノベーターたちが共感しあって、支援しあえる起点作りに挑戦する。

〈行動指針〉
次の行動を実践することでオープンイノベーションやソーシャルイノベーションが起きる可能性を高める。
❶ 多様なコミュニティを探索
❷ 各出島をつなぐ情報提供
❸ 専門家間やコミュニティ間の交流支援
❹ 良い問い、良い対話を広める

振り返ると、これらを決めたことで方向性や判断基準が明確になり、SHIFTで目標を立てる時に意識しながら取り組めたので、あとで個々の取り組みの関連が出てきて相乗効果を感じることが増えました。

偶然、「編集奈良」（奈良市役所に勤務する高松明弘さんが代表として運営されている奈良に縁のある会社員・事業者・公務員・学生など、さまざまな立場の方が関わり「これからの奈良」を創るプロジェクト）という奈良の地域コミュニティで知り合ったMNキャリアの高橋紀子さん（LIFE SHIFT JAPANのライフシフト・パートナー）から「林さんはライフシフトを実践できているので、ロールモデルとしてライフシフト対話会のインスピレーショントークに登壇してほしい」とお声がけいただきました。その時から、よりライフシフトという考え方を意識するようになり、今度はライフシフトを啓発する人として活動を開始しました。今でも高橋さんの古民家でのライフシフト対話会のコアメンバーとして啓発に取り組んでいます。

○ＳＨＩＦＴのラーニングジャーニーに登壇

　ＳＨＩＦＴには「ラーニングジャーニー」という企画があり、講師を招いて、その方が取り組んでいることに触れたり、講師の話にインスピレーションを受けて対話することで気づきを得るワークショップが定期的に開催されます。2023年6月に私も講師として登壇しました。きっかけは4月に東京のFinGATE KAYABAでＳＨＩＦＴの2周年記念をお祝いして「SHIFT LEADER'S FES」というイベントが開催されたことです。その際に1時間枠のワークショップを担当してライフシフトの体験ワークショップを実施したことです。参加者が楽しそうに対話する様子を見ておられた事務局の山口さんからラーニングジャーニーの講師として登壇しませんかと依頼を受けました（次の画像）。

　私がライフシフトのワークショップを企画したのは、コロナ禍を経て人生の豊かさを重視する方が増えたため、仕事と生活を分けずに人生の軸になる生き方を考えるニーズがあると考えたからです。ＳＨＩＦＴに参加してチャレンジする仲間たちが自身の描いたストーリーの中で生きていることを自覚すれば、よりよい人生を歩む一助になると考えました。

　私がライフシフトのロールモデルとして紹介しているのが、アップルのスティーブ・ジョブズです。ジョブズが2005年にスタンフォード大学の卒業式でスピーチをした動画がYouTubeにあるので見ていただきたいのですが、大学を中退してからジョブズは興味のあることだけを学ぶ時間を手に入れ、偶然カリグラフィーの授業を受けました。それが後に

Ｍａｃの美しいフォントが生まれるきっかけになったという話です。エピソードを紹介した後のまとめで「いつかつながると信じることが大切だ」というメッセージを卒業生たちに伝えました。

いつ成果が出るのかわからなくても、いつの日か大きな成果につながると信じて過ごす銀行員が増えれば金融業界がもっと多様で魅力的になると思いませんか？　私もそういう将来が来ると信じていて、パラレルキャリアの活動やこの原稿を書いたことも、いつか振り返ると違った意味を見つけられる日が来るはずなので今から楽しみにしています。

○SHIFTとライフシフトの3つの資産

ここで、ベストセラーになったリンダ・グラットンの書籍『LIFE SHIFT』（東洋経済新報社）における定義を確認します。

❶ 生産性資産：主に仕事に役立つ知識やスキルのこと
❷ 活力資産：健康や、良好な家族・友人関係のこと
❸ 変身資産：変化に応じて自分を変えていく力のこと

マルチステージの人生を送るためにはこれらの3つの資産を組み合わせて実現させる必要があるとされています。ここからは私の取り組みをライフシフトの資産との関係で説明します。

ＳＨＩＦＴは自己変革を支援するリーダーシッププログラムであり、主にライフシフトの変身資産が増えるプログラムだと感じています。一方で自己変革はＳＨＩＦＴの中だけで完結するものではありません。メンバーそれぞれの持ち場で実践することが求められます。

私はＳＨＩＦＴの活動をベースにさまざまなコミュニティで活動しています。意図したわけではないのですが、好奇心のまま参加してきたものが結果的にはバランスよくライフシフトの3つの資産を増やしてくれて相乗効果が働きました。

例えば、有志による官と金のネットワークである「ちいきん会」や「地域金融変革運動体」では、日本の金融業界の状況や各地の課題などを知

り、将来対処が必要な問題について理解を深めたり、課題解決や環境整備に取り組まれている多様な関係者や支援者の方々のお話を伺って問題の本質や環境整備の必要性について考える機会を得ました。

2023年の「中小企業ＤＡＹ」（中小企業基本法の公布・施行日である７月20日「中小企業の日」を開催日として、行政・自治体や外郭団体、金融機関などの中小企業関係者が中小企業に有益な情報や、中小企業の魅力を発信するイベント）ではちいきん会の猪股裕さんや横田直忠さんが企画してくれた「観光・地域ＤＸ」の枠にファシリテータとして出演しました。これも中小企業診断士仲間との研究で機会をいただいてスキルアップして副業や勉強会等でプレゼンテーションやワークショップを数多くこなしてきたからできたと感じており、ライフシフトの各資産を蓄積してきてよかったと改めて感じました。

大阪や奈良の中小企業診断士仲間との共同研究も楽しんで取り組んでいます。大阪府中小企業診断協会においては、ローカルベンチマーク委員の森下勉さんが代表の知的資産経営研究会のワークショップに参加して実践研究を行ったり、組織開発研究会（柳瀬智雄さんが代表）で人や組織の変革に必要な知識や対話の実践経験を積んできたので銀行員とは異なる中小企業診断士としての企業を見る目を養ったり、金融業界ではあまり知られていない分野にも関心を持つようになりました。

また、前出の高橋紀子さんのライフシフト対話会のコアメンバーとしても活動しています。中小企業診断士の専門分野の知見を掛け算することにより、ＳＨＩＦＴのラーニングジャーニーで提供した完全オリジナルのオンラインワークショップも考案できました。他にも、大阪府中小企業診断協会では研修委員会（柳瀬智雄さんが委員長）の委員としても活動しています。研修の企画や講師の選定の際に個人的な人脈を活かせることもあり、例えば2023年７月にはちいきん会や近畿カーボンニュートラル支援ネットワーキングなどでご一緒している環境省近畿地方事務所の福嶋慶三さんに講師としてご登壇いただき、多くの中小企業診断士の先生方に「なぜ、今、脱炭素経営が求められるか」について直接お話を伺える機会を提供することができました。自分自身の多様性を高める

と新たな役割を果たすことができるようになるため、何がどう役に立つのかは後になってみないとわからないものだと体感しています。

　もう一つ、活力資産を高めてくれる場にも参加しています。慶應義塾大学大学院システムデザイン・マネジメント研究科の教授である前野隆司さんなどの先生方や大学院生の方々が参加されているウェルビーイングデザイン研究会や、はたらく幸せ研究会の研究活動にオンラインで参加して活力資産を増やす取り組みも行ってきました。幸せを感じることを話す場を日常的に持つことで幸福感が高まったり、働くなかで幸せを感じる仕組みを増やすためにどういったことに取り組めばよいのかを考える機会を得ています。

　ここで得た最新の知見を紹介しようと奈良県立図書情報館で奈良県中小企業診断士会が主宰する体験学習会（上野浩二さんが代表）でも「ウェルビーイング経営」をテーマに登壇させていただきました。

　本稿でご紹介したようなSHIFTと掛け算できる多数のコミュニティに実践の場を求めて渡り歩いてきたことによってライフシフトの各資産が増えてマルチステージで自分が実践できることを見つけることができるようになりました。これは豊かさを感じる場面が増えることにつながっており、大勢の方々と共創できる喜びを感じています。

○ ライフシフトをデザインし、発信する

　続いて、ライフシフトをデザインする発想について紹介します。

　私はビジネスモデルを構想する「経営デザインシート」という内閣府が提供するツールの専門家でもありまして、その知見を活かしてライフシフトのデザインを構想しています。経営デザインシートはありたい将来の絵姿について思考を飛ばして非連続な姿を考えて、現在との比較で移行戦略までを一枚絵で構想するツールです。ライフシフトもこの発想でデザインすると、実現可能性が高まります。SHIFTに参加していると将来の絵姿が変わることが時々あります。そういう時にこの発想法を知っているとゴールの修正が必要なのか、移行戦略の修正が必要なのか整理することができます。

私は移行戦略の中で発信することも重視してきました。とくに執筆することは自分自身の考えを批判されることもあるので勇気が要ります。それでも、副業する銀行員やライフシフトするバンカーのファーストペンギンにせっかくなれたので、当事者にしかできない役割を果たそうと環境整備に取り組んでいます。

　また、音声ＳＮＳのClubhouse「金融と対話（モデレーターは広島県立叡啓大学学部長の保井俊之さん）」には１年間毎週日曜日に出演させていただきました。おもしろかったのはこの告知を毎週ちいきん会でやっていた様子をご覧になっていたリスナーの方々から声をかけてもらえたことで、うれしかったです。

　他にも先に挙げた奈良県中小企業診断士会の会報「診断なら」に執筆を続けていることが大阪府中小企業診断協会の会報で副業の特集の執筆につながり、これがきっかけで中小企業診断士の団体の本部で活動されている「企業診断ニュース」の記者の方に興味を持っていただき、取材記事を掲載いただきました。業界の全国誌に掲載されると金融業界からも依頼が来るようになり、熱い金融マン協会主催の「副業する金融マン」のワークショップに登壇したり、「銀行法務21」886号（2021年7月号）でライフシフト型副業について執筆する機会を得ました。さらに本稿の執筆にもつながっています。

　もし、何かやってみたいけれど一人では心細いとお悩みの方がいたら、誰かに自分の考えを伝えてみてください。何か反応があるはずです。気づきを得て自分で決めたことにチャレンジし、取り組むサイクルができてくるとその後の人生を豊かに彩ってくれるに違いありません。

私がSHIFTに所属している意味

株式会社DTG CTO **宮入則之**

○私がSHIFTに参加したきっかけ

私がSHIFTに参加したのはビジネススクールのリーダーシップの授業がきっかけです。この経緯についてもう少し詳しくお伝えしたいと思います。

まず、ビジネススクールで学ぶということを選択した背景ですが、私が新卒で入行したあおぞら銀行では、個人営業、法人営業など紆余曲折がありながらも、それなりのキャリアを積んできました。この間も本当に多くの方にお世話になり、さまざまな影響を受けているのですが、転機となったのは、本店の営業部から個人営業の事業企画部門への異動です。

当時、営業の経験しかなかった私にとって企画業務は未知のものでした。マーケティング、商品開発、オペレーション改善、システムプロジェクトなど、何一つうまくできず、期待に応えられていないという状況は私にとって非常に辛いものでした。法人営業の時に選抜型のリーダーシップ研修に参加した経験から、必要な学びは自分で積極的にとりにいくマインドはありました。

そんなタイミングで、人事部のビジネススクールへの大学院派遣制度を見つけ、藁にもすがる思いで申し込み、学び始めました。そんな理由でしたので、「スキル」の習得、本書の中での定義とすれば「水平的成長」を目的として大学院の戸を叩いたのです。

銀行の社費で通っていたこと（成績も含めて銀行にフィードバックさ

れること）から、仕事のレベルを上げるという思いが強かったため、当初はとても肩肘を張っていたのだと思います。授業態度やそれ以外の立ち振る舞いにおいても「あおぞら銀行の宮入」としての発信しかしていなかったのです。

必修としてあったリーダーシップの授業を選ぶ時点で、行内の一担当者である自分にはリーダーシップの項目は優先順位が低いもの、組織を考えることよりも今は自分のスキルを磨くことが先だと考えていました。銀行出身の江上さんの授業を見つけた時も、銀行でも使える何かが得られるのでは？　くらいの気持ちで受講したのです。

少し恥ずかしいのですが今も江上さんと当時の話になると、「何重の殻を被って自分を殺しているつまらないやつだったな」と言われます。

江上さんの講義を受けるなかで、自己との対峙というものに興味をもち、江上さんとの対話の機会を持たせていただきました。いわゆるメンタルモデルだったのですが、当時の私はメンタルモデルという言葉さえ知りませんでした。

ひとつふたつ問いを投げかけられ、その場で答えようとするけれど答えられず、持ち帰ってひたすら内省して2週間後に答えを絞り出す。それに対してまたひとつふたつの問いをもらう。何も教えてくれないし、何も示してくれない。ただただ苦しくて、いつも帰り道で涙ぐむという感じでした。そうこうしているうちに、3か月の授業はあっという間に終わってしまいました。江上さんとの対話で自分の中の蓋が一枚一枚剥がされ、嫌な過去、嫌いな自分との対峙でかなり弱り、不安定だったと思いますが、自分が何と向き合わなければならないかということは明確になりました。

もっとも、口頭で話せることが文章で書けるようになるまでにはさらに時間を要し、その後のリーダーシップ系の授業を受け、己は何者かということを考える土台ができたと思っています。自分自身への理解度が高まったことにより、期せずして垂直的成長を体験できました。もちろん完成ではなく、もっと深いところには何かが眠っているということを自覚しつつ、一旦の区切りとしました。私の体験は、U理論やメンタル

モデル、成人発達理論から垣間見ることができます。

また、大学院在学中に、ＳＨＩＦＴの母体であるＪＰＢＶが始まり、その立ち上げから参加しました。ＪＰＢＶの活動は平日が多いため、なかなか参加できなかったのですが、数年後にＪＰＢＶの中で、金融におけるリーダーシップ開発プログラムとしてＳＨＩＦＴのプログラムが開始されました。

前置きの説明が長くなりましたが、ＳＨＩＦＴに参加するという意思決定は、以下の私的な事情を踏まえて行いました。

> ❶ 現役の金融機関の方、有志の参加を想定しており、土日など、業務外の時間で参加できること
> ❷ 大学院卒業後、江上さんの影響とはじめてのマネージャー業務に臨むにあたり、コーチ・エィにてコーチングを学び始めたため、対話の実践機会が欲しかったこと
> ❸ 江上さんや、対話を得意とされる方々とのセッションを多く持つことで、前述の "もっと深い何か" と対峙できるだろうという期待を持っていたこと

❷、❸の期待に対する結果が、どうであったかということについて、以降でお話をしていきたいと思います。

○ 私がＳＨＩＦＴや対話で得たもの

ＳＨＩＦＴの核となるコンテンツに、ベースキャンプ・セッションや、インターバル・セッション、ラーニングジャーニーなどがあります。他の方も書かれると思うので、それぞれの内容については割愛しますが、いずれも知識のみのレクチャーというものはなく、すべて対話が含まれています。

コーチングや、１on１の要素で大事なこととして、「評価をしない」「教えない」「自分語りはしない（相手の話を盗まない）」といったことがありますが、ＳＨＩＦＴにおいてもグランドルールとして、これらをしないということになっています。

本を読むと必ず書いてあるような基本的な内容なのですが、意識して

みるととても難しいことがわかります。「知っている→わかる→できる」のステップを踏むに際して、ＳＨＩＦＴでは参加者が完璧にできるかどうかはさておき、みんなが意識を持って、できていない時にはお互いに、フィードバックし合う訓練機会になっているということはとても良いことだと思っています。心理的安全性が保たれにくい社内の研修ではなかなか難しいのですが、有志の集まりであることが効果を高めていると思っています。

　１on１ミーティングを紹介する書籍などでは、リクルートやヤフーなどの例が出てくるため、金融機関に勤めている者としてはなんとなく遠い世界の話に思えることも多いでしょう。現実的にも、人事システムの思想設計が異なるので、そう感じるほうがむしろ自然だと思います。
　しかしながら、金融機関を中心としたメンバーの中で１on１や対話を通じて得た学びやスキルというものが、それぞれの金融機関でどんな変化をもたらしているかということを実感し、また、参加者間で共有し合うことで、身近な世界で変化を起こせる事例は特殊なことではないということを認識できたことで、私も金融機関内で活動をする際に勇気をもらっていたのだと思います。

　私自身は、2022年８月をもってあおぞら銀行を退職し、大学院の友人と起業し、金融機関、病院向けのミドルマネージャー研修や、老舗メーカーでの経営企画業務、ベンチャー企業でのＰＭなどを請け負っています。
　どの仕事においても、江上さんとの対話、コーチングスクールでの学びを経てＳＨＩＦＴで実践を重ねた対話力や、他者を尊重する心構えがとても役に立っていると実感しています。
　ここまで学んだ組織開発や、垂直的成長というものは目に見えづらく、定量的に計りにくいため、お金や人といったリソースをかけたことに対して、効果を短期的に証明したり、説明することはきわめて難しいと思っています。金融機関という垂直的成長が起きにくいであろう組織の中において参加者の皆さんの身の回りで起きたことを聴き、参加者の方々の

成長を実感することで、垂直的成長は起こすことができることを確認しました。またその結果何が起きるのかという事例に数多く触れられた経験が、さまざまな業界でコーチングやコンサルティングをするうえで大きな財産になっています。

○ 私がSHIFTに所属している意味

前述のとおり、私自身は金融機関から退職しています。また、「はじめに」で江上さんが書かれている例に漏れず、もともとは別に金融の仕事がしたくてあおぞら銀行に入ったわけではありません。しかしながら、あおぞら銀行のことは今でも大切に思っていますし、15年間勤める中で金融という仕事が好きになりました。

金融機関の外に出て思うのは、金融機関にいたときは事業者の皆さまがお金のことで困っているという実感をあまり持てていなかったのですが、事業者側に立つと多くの課題や悩みが見えてきたということです。

一方で、情報の非対称性があるなかで、事業者として金融機関とコミュニケーションをすることの難しさがハードルになっていると実感しました。誤解を恐れずに書きますが、事業者が金融機関にコンサルティング機能を求めることはハードルが高いと思っています。もちろんできる方もいるでしょうが、できない方……またやりたくないという方が多いと思っています。

コンサルティングができないことが悪いことか？ というと、私自身は悪くないと思っています。バンカーの性質として、数字に強く、きっちりと仕事をする、その文化はそれ自体賞賛されるべきです。

企業は属している人たちの大宗の方が変わりたいと思わなければ変われません。危機的な状況になれば必要に迫られて変革は起きるでしょう。一方で、危機が起きていない状況での変革は本当に起こせるのでしょうか？ 実例はあれど、特殊なパターンだと考えています。

怒られるかもしれませんが、変革によって企業の業績は上がるとしても、変革の結果、自分たちのスキルが陳腐化し、自分の評価が下がり、収入が減少し生活水準が下がるということを受け入れられるのでしょうか？ 多くは既存ビジネスで今の金融機関を支えてきた功労者の方々で

す。しかし、それでもこれらの方々が変わりたいと望まない限り、変革は起き得ないと考えています。それはとても難しいことではないでしょうか。

　私は変化を望むこと、変革が起きることが正解だと思っていません。金融機関が変わらないということは、いくつものシナリオの中の当然の一つの帰結だと思っています。
　そこから転じて、金融機関の価値を高めるには、金融機関自体を変革するのではなく金融機関と事業者の通訳者を増やし、金融機関の力を最大限に活用できるようにすることが一つの解になり得るというのが私の現在の仮説です。銀行を中心とした金融機関は依然として金融人材の最も有力な輩出元ですので、金融機関が退職した元職員とつながりを保つということも重要になると思っています。
　こういった観点から、金融機関の方との対話の機会は金融機関の今を知るという私にとってきわめて重要な機会であり、金融機関を退職してなお、ＳＨＩＦＴに所属している大きな意義となっています。

○皆さんがＳＨＩＦＴに入ると得られると考えていること

　ＳＨＩＦＴに参加した際に皆さんが得られるものは「垂直的成長」です。ただし、それは、参加するあなた自身が心から望むのであれば、というただし書き付きのお話だと思っています。
　ＳＨＩＦＴにおいては知識面でも多くのレクチャーがあります。私のお話からは個人／内面に関する内容が多く出てきているかと思いますが、組織／外面をテーマとした内容も同じくらい扱います。知識としてのレクチャーは入門的なものが多いのですが、学ぶきっかけを手に入れるということが大切です。レクチャーのうち、興味があるものを自身で深堀りしてさらに手に入れていくことになろうかと思います。
　さらに、ＳＨＩＦＴは皆さんにとってのサードプレイスにもなるでしょう。私自身、コーチとして、コンサルタントとして人の話を聴く機会のほうが多いのですが、自分のことや自分の考えを何も気にせず聞いてもらえる場があるということ自体が安心感や心の平穏につながっています。

　直接的なステークホルダーではないけれども、金融のことがわかってフラットに話を聞いてもらえる場というのは皆さんにとっても有意義な場になるのではないかと思います。

　本書に興味を持っていただいた皆さんと、いずれの日かにご一緒できることを楽しみにしております。

山梨県における地域経済エコシステムの実践

株式会社グッドウェイ 代表取締役社長
山梨中央銀行 経営企画部 地域ＤＸ実践アドバイザー　**藤野宙志**
一般社団法人山梨イノベーションベース 事務局長

○ＪＰＢＶとＳＨＩＦＴとの出会い

　私がＪＰＢＶの江上広行さん、そして、のちのＳＨＩＦＴメンバーとして共にする清水菜保子さん（一般社団法人ゆずり葉代表理事）と最初に出会ったのは、2019年7月に熊本県にある肥後銀行本店で開催された「第一回 持続可能な地域金融フォーラム in 九州」（共催：第一勧業信用組合、一般社団法人ゆずり葉、ちいきん会／協賛：肥後銀行／後援：九州財務局）でした。

　このとき、私ははじめて、ＧＡＢＶの存在や「価値を大切にする金融」という考え方、地域金融機関のあり方、金融機関にとって利益ではない価値は何か、どんな地域や世界、未来をつくりたいかなどの問いに触れ、金融の変革を担うリーダーシップについて考え始めるきっかけとなりました。

　また、時を同じくして、私は山口省蔵さんにも出会います。その半年後の2020年1月に日本金融監査協会（ＩＦＲＡ）が開催した「リスクガバナンス研究会」で遠藤俊英さん（当時 金融庁長官）の講演に先立ち山口さんが「金融の将来 〜 熱い金融マンが目指すビジネスモデル」と題して登壇されていました。その時、「一人ひとりの金融マンの活躍が金融機関を変えていく」「金融機関がより高い価値を提供できるようになれば社会の発展につながる」という想いと活動に強く関心を抱きました。

そのようななか、江上さんと山口さんから、2021年4月に立ち上げるというＳＨＩＦＴについての構想を伺いました。「自らが起点となって一歩を踏み出す変革の実践者を開発するための参加者同志による学びのコミュニティを立ち上げ、内省と対話を繰り返しながらリーダーへの変容を目指すプロセスをエスコートする」というコンセプトに共感し、迷うことなく、参加表明しました。その後、現在まで約2年半にわたり、数々のプログラムや合宿などを通じて多くの仲間と出会い、対話を重ね、想いを分かち合う時間を過ごしてきました。

○ 山梨をメインに東京との二拠点居住を開始

ＳＨＩＦＴの立ち上げと同じタイミングで、私にとってもう一つ重要な出来事がありました。

私は2019年1月より、母の出身地でもある山梨県において、財務局が掲げた「地域経済エコシステム」の概念とともに、地域が抱える課題と解決策を出し合い、企業や専門家を巻き込みながら持続可能に課題解決を目指す長期プログラム「山梨県活性化プロジェクト」の組成と活動に携わっていました。その活動の一環として、コロナ禍の最中の2021年4月に「第2回　山梨県活性化フォーラム」（共催：学生団体トップファン、協力：甲府財務事務所、山梨中央銀行、山梨総合研究所ほか）を開催しました。

このフォーラムの目的は山梨を元気にしたい企業・社会人と、成長したい学生がともに持続可能な共同プロジェクトや事業創出を目指して、学生、行政、金融機関、地元企業、挑戦する個人がつながることで新たな化学反応を起こし、地域を盛り上げる施策を具体的に進めていくきっかけの場にすることでした。しかしながら、その一方で地域における立場や考え方が異なる多くの人たちとともにどのように取り組んでいけばよいかなど、まったくわからない、手探りの状態でもありました。

ＳＨＩＦＴは、新しいタイプのリーダーは内側から溢れ出るビジョンを言葉とし、固定概念に囚われず、対話と実践によって仲間を巻き込んでいくセンスを身につけ、「社会から期待されていること」と「本来のその人らしさ」を統合しながら、しなやかに自分らしく仕事をしていけ

143

るようなバンカーの開発を目指していくとしています。

　私にとって、山梨で新たな活動を始めるタイミングで対話の意味とその重要性について理解する機会を得たことは、その後の山梨での実践活動とその成果に大きな影響を与えるものとなりました。

　ＳＨＩＦＴでは、一人ひとりが発見したこと、気づいたこと、感じたことなど自分の心と頭に浮かんだ声をそのまま言葉として発し、そして、それを傾聴し、探求し、問いかけ合うことで本質に向き合っていくとしています。

　山梨県をメインに東京との二拠点居住をしながら活動している今、自分の中でベースとなる考え方に早いタイミングでＳＨＩＦＴにタイムリーに出会えたことに深く感謝しています。

○山梨中央銀行　地域ＤＸ実践アドバイザー就任とＳＨＩＦＴ秋合宿

　2022年1月、私は山梨中央銀行の地域ＤＸ実践アドバイザーに就任しました。その就任については銀行のプレスリリースとともに地元の新聞にも記事として掲載され、多くの方から記事を見たとのご連絡をいただき、改めて地域ならではのメディアとの距離の近さや手触り感のある地域とのつながり、また反響の大きさを肌で感じました。

　アドバイザーとしての最初の活動の一歩は、地域ＤＸ推進を担う銀行の担当者と一緒に銀行の支店を訪ね、支店長とのリアルな対話を通じて、その地域の魅力、地域の現状と課題、注目している企業や人への想いなどを知り、スポットライトを当てるためにフィールドワークの繰り返しでした。そして「（いい意味で）銀行員らしくないですね」と言われるような型破りで親しみのあるニュータイプのバンカーとしての姿に変容すべくともに探求しています。その後、2022年7月には山梨中央銀行が運営する地域ＤＸ推進の活動拠点「Takeda Street Base」を開設するなど、地域の未来に向けた多様なプレイヤーと銀行の職員が入り交じる仕組みづくりに着手し、古屋豪さん・安藤一輝さん（山梨中央銀行　経営企画部　ＤＸ・イノベーション推進室）とともに銀行として新たに手掛

けるコミュニティ運営やファシリテーション、記者会見やイベント企画運営など、ともに学び、磨き合いながら、ＳＨＩＦＴでの経験を活かして地域社会における課題解決の支援のあり方や新事業の可能性について対話を重ねています。

2022年10月には全国から熱い金融実践者、ＳＨＩＦＴのメンバー16名が山梨に集い、山梨県の甲府市や身延町などで2日間にわたり「ＳＨＩＦＴ秋合宿」を開催しました。その際、山梨中銀金融資料館の視察においては関光良さん（当時 山梨中央銀行 代表取締役頭取、現会長）より歓迎の言葉をいただくとともに、対話の時間を過ごしました。

宿泊所である身延町にある宿坊「覚林坊」の女将より宿坊経営の事業プランの説明や身延町の現状と課題についてのプレゼンが行われ、古屋賀章さん（当時 山梨中央銀行 代表取締役専務、現頭取）、岡本新一さん（山梨中央銀行 地方創生推進部 山梨未来創生室長）とともにＳＨＩＦＴのメンバーを交えたリアルな対話が行われました。

そして、今も山梨中央銀行で活動をともにする銀行員の方々とも対話の大切さを共有し合い、地域の自治体職員や事業者の皆様や新しい可能性にチャレンジする方々との対話を実践する機会を増やしています。

○山梨イノベーションベース（ＹＮＩＢ）事務局長就任と地域経済団体との連携

2023年4月、山梨での起業家輩出の気運の醸成と事業者の成長を加速するために新たに設立されたＹＮＩＢ（一般社団法人山梨イノベーションベース）の事務局長に就任しました。

山梨には、地域を代表する企業のトップが有志で山梨の未来を考える山梨経済同友会や県外で活躍する山梨出身者による山梨県人会連合会のほか、ＹＮＢＣ（一般社団法人山梨県ニュービジネス協議会）をはじめ、当県の活性化と発展に資する活動を行っている地域経済団体が多く存在しています。設立時期や背景が異なる各組織や各団体の垣根を超え、それぞれの強みを活かし、これからの山梨を盛り上げていこうという気運が高まっています。

そのようななか、2023年7月には、河野太郎デジタル大臣による講演会「山梨×未来×デジタル」が山梨県内で行われ、各団体の事務局が連携し、一体となって運営にあたりました。

　このときも、ＳＨＩＦＴのビジョンでもある「それぞれ多様な立場や考え方を持ち、互いの考えが異なる場合に深く真摯に対話するという一点を共有していく」ということを念頭に置き、金融が経済や社会・環境に影響を引き起こしている当事者としての責任を引き受け、自らリーダーとしての一歩を踏み出すべく、この山梨でも実践しています。

○ 地域経済エコシステムの実践に向けて

　山梨県は27市町村、人口約80万人（県庁所在地の甲府市でも18万人）と、とても小さな地域です。同じ山梨県内でも市町村ごとにまったく異なる世界（景色、生活、伝統、地域特性）があり、地域の未来への変容（トランスフォーメーション）を起こしていくためには、「地域経済エコシステム」の最小単位とも言える各市町村というフィールドを起点にニューヒーローの存在とニューリーダーによる変革が欠かせません。

　これからの時代は、「働く」ことへの動機として生活に必要な収入を確保するための金銭的な価値のみならず、自己実現や社会に役立つ達成感を重視する非金銭的な価値との両立が求められています。

　私は、人口減少社会の中において、身近な地域の特性を活かし、一人ひとりが豊かに暮らせる地域を奏でるオーケストラ「地域経済エコシステム」を実践し続けます。地域ならではの魅力の再発見と再定義、個性ある高付加価値の創出、全国に共通する地方創生事業スキームの横展開の可能性を追求し、地域の中で対話を重ねています。ＳＨＩＦＴを通じて得た経験を活かし、これからの金融を変えていくリーダーの一人として、これからもＳＨＩＦＴが掲げる対話型人材開発の取り組みを通じて、持続的な経済・環境・社会の発展に貢献する「価値を大切にする金融」の普及と実践活動に邁進していきたいです。

個人として思いを起こし、
かけがえのない瞬間に向き合うこと

金融庁 **栗田　亮**

○ ビニール袋を被り、ひたすら白い線の上をはみ出ないように一生懸命歩いている

　周りには有能なビジネスパーソンぶっているけれど、その実は、服役で疲れ果てた囚人のように存在感なく、自宅と職場の通勤ルートを行き来する、そんな日々を皆さんは送っていないでしょうか。2020年夏以降の私はまさにそうでした。「スーハースーハー……」満足に呼吸もできず、ひたすら失敗しないように日々をやり過ごしていました。今後の人生でもずっとそういった状況が続くと思うと、涙が止まりませんでした。

　本当はそうなるはずではありませんでした。それまでの私は、エジプト、ミャンマー、イギリスの海外3ヵ国で、6年にわたり充実した駐在生活を送ってきました。とくに2016年、金融庁から単身でミャンマー証券取引委員会に出向した時は、ミャンマー計画財務副大臣の政策アドバイザーとして、ヤンゴンのオフィスに個室を与えられ、胎動期の証券市場の旗振り役を担いました。市場参加者を巻き込んで証券市場発展プランをまとめ、財閥企業や外国人投資家からの協力を得るために奔走する日々でした。活力に満ち溢れ、色濃い存在感を発揮していたのです。

　しかし、日本に帰って、金融庁の官房部署に配属されてからは、誰かがやると決めた仕事の段取りや割振調整に終始することに。自分の存在感を発揮しようと努めても、上司や同僚の「詰め」にあって瓦解し、あるいはお作法からはみ出て空回り。さらに切ないことに、社会に直接貢献することもない、組織内の調整業務や機械的な事務処理をこなして、

不本意ながらもよくやったと褒められる皮肉な顛末。自分の存在がなくなっていくようでした。

かつてミャンマーで、レトロな個室からどこにでも飛び出していっていた自分はどこへやら。職場の高層ビルの中で、一日中パソコンに向き合い、ただ「白い線」の上をはみ出さないよう精一杯でした。

○「自分は何をしたいのか」に立ち戻ってみる

転機は、2021年春、不意に目に入った職場の案内がきっかけで、国際機関の事務局長を務められた先生によるリーダーシップ研修に参加したことです。

研修中に受けた先生によるコーチングは、私に方向転換を促しました。優しい笑顔で、崖から飛び立つことを強く迫る、そんな感じのコーチングでした。先生は、私に対して「ミャンマーで活躍していた自分をここでも再現するにはどうすればよいだろう」と問いかけました。その時の私は、職場で何を言ってもきっと相手にされないと考えていて、「そんなんじゃないんです。ここでは自分は米粒ほどの役にも立たないんです」と抵抗しました。先生は、「それでも、あえて一緒に考えてみないか。仮に、日本の政策アドバイザーになった自分を想像してみらどうか」と私の抵抗を受け流し、骨を拾ってあげるから安心して前に進めと言わんばかりに、私に自分と向き合うように誘ってきました。何も変わらない、自分はそんなにイケてないから、と頑なに抵抗しました。それでも先生は、「できるかどうかはどうでもよい、何がしたいか考えてみないか」と幾度となく心の扉をこじ開けようとしてきました。

こうしたやりとりを繰り返していると、だんだん私も抵抗するのに疲れてきました。次第に、なぜ執拗にも「できない」レッテルを自分に貼り続けているのだろうか、失うものは何もないのに、と逆に不思議になってきました。

そう考えたとき、自分の境界線が動いたような、ふと身体が軽くなったような感覚を覚えました。気持ちを改めて、先生のガイドに沿って、ミャンマーでの、昼夜仲間と熱く議論を重ねてアイデアをひねり出し、立ちはだかる重鎮や専門家を名乗る人たちに説得を重ね、奮闘していた

自分を思い出しました。先生は「雑でいい、それをそのまま日本に当てはめてみたらどうなるか」と誘いました。それは、しっくり来るイメージでした。それまで「自分は何をしたいか」そんな単純な思考をしてこなかったことにも気づきました。

　先生との問答で得た出発点は、「今」の制約で思考を狭めてはいけないこと、そして「何がしたいか」自分個人としての判断に貫かれているべきこと（"Always Coming Back to Yourself"）でした。

○ 強烈な自意識に囚われて

　それから、個人としてしたいことをする機会を渇望し、同時期に金融庁の研修として提供されていた、ＳＨＩＦＴや庁内の政策オープンラボへの参加、その他さまざまなコミュニティに顔を出すようになりました。この時期は、多くの人と意見をぶつけ合い、それなりに個人として振る舞う経験も得られて、制約から解き放たれた気分でした。それでも、自分が表層的なことをしているような、何か負い目のような感覚が残っていました。

　私は、その正体にずいぶん前から気づいていました。すべての個人としての行動が、本来あるべき純粋な想いではなくて、「自意識」を起点に生じているということに……。この「自意識」は厄介で、常に自分が他者より優っている部分を探して、執拗なまでに他者比較に過敏になる。自分に関しないところへは目が届かず、視野が狭いし、人の話を傾聴できない、ときに「何を言ってもきっと相手にされない」という劣等感から自分を守りたがる、自意識と戦っても自意識に絡め取られ、暗い部屋に閉じ込められた気分でした。

○ 前に出て、瞬間に身を委ねてみる

　それでも時は経ちます。官房部署から異動して、具体的な政策を担当するようになりました。そこでの担当業務は、エコシステムの関係者の意見を聞きながら、実務に適合するように規制の細則を策定していくものでした。そのプロセスでは、単独で大勢の業界の専門家に囲まれ、針のむしろのように何度も質問攻めを受けながら、国益を念頭にあるべき

道筋を見出す、そういった局面が幾度となくありました。法の趣旨を踏まえれば、一歩も引けない、一方で丁寧に納得を得て細部の調整点を見出していく。それまで一切勉強したこともない高度に専門的な内容について、専門家を前にして不用意なことも甘いことも言えない、知ったかぶりもできない、「そんなところに出て行きたくはない」というのが本音でした。

ただ自分が前に出ないと他にやる人がいない、自意識などではなく、ひたすらに真剣でした。

対峙する相手の呼吸を読み、間違いを間違いと認め、提案をする、仲間の協力を仰ぎつつ、緊張の連続でした。これまで精神的に守っていた領域から、不意にふらりと一歩前に踏み込んだ感じでした。そこはかとない充実感があり、清々しい気分でした。それは、以前、当たり前のように経験していたものでした。

○ そして、その瞬間に向き合う

何がミャンマーでの充足感を私にもたらしていたのかについて、改めて振り返ってみました。はじめは、ミャンマーの歴史を作る大きな仕事と大きな役割、そして、それらをやり抜く能力が誰かから認められたこと、さらに仲間との協同、そういったことを考えました。たしかに、これらは重要ではあったけれど、必ずしもそれだけではありませんでした。

前述のとおり、私はミャンマー証券市場の胎動期に携わりました。日本の証券市場でいえば、130年以上前、明治時代。私の仕事は、右肩上がりの成長曲線の一番はじめで、その発射の角度をどう決めるか、自身の貢献が100年後のミャンマー証券市場に決定的な影響を与える、そんな稀有なものでした。

この胎動期にあって、多くの外国のプレイヤーが、ミャンマーの文脈を無視して自国のやり方をコピーしようとしているように見えていました。そのなかで、「ミャンマーの人たちが自らの力で運営し、アジアを代表する取引所に育てて上げていく、そうした努力を、何年かかろうとも粘り強く支援していく」「共に歩む覚悟」が試されていました（畑中

龍太郎「アジアと共に歩む」（月刊資本市場2015年3月号））。

　そこで過ごす一瞬一瞬を無駄にできず、過呼吸になりながら、睡眠時間を削る日々を送っていました。そこには自分にしかできない役割がありました。このかけがえのない瞬間での問いかけに対し、個人として純粋な想いを起こし、向き合おうとしていたのです。充実感は、その結果として降ってきたものにすぎなかったと気づいたのです。

○ 皆さんはどう生きるか

　はるか昔、小学校の頃は、運動会で声が枯れるまでクラスメイトを応援しつつ一緒に優勝を目指したり、同じクラスの喧嘩相手に対して自身の感情を踏み越えてあえて優しくしようとしたり、個人としての純粋な想いからエネルギーを発していたのではないかと思います。

　大人になった今、私たちはそういう風に生きられているでしょうか。私の場合は、そういったエネルギーの10分の1すらも発することができなくなって、つまらない生き方になりつつあったように思います。

　肝心なことは、どこにいても、何をやっていても、仕事でも、家族や友達との関係でも、瞬間に自分に投げかけられてくる大小さまざまな問いかけに対して、個人として純粋に想いを起こすことでしかないのではないでしょうか。私の場合は、そう気がついたのです。それは、ミャンマーで経験したことですし、もっと前からわかっていたことでした。

　それでも、目の前で忙殺されていることに抵抗できずに、それを言い訳にして、あるいは劣等感に苛まれ自分個人と向き合うことができませんでした。さらに、強烈な自意識に絡め取られ、がんじがらめになっていましたし、いまだ課題はたくさんあります。

　「生きる構え」は人それぞれだけれども、そこを明確に認識して意識的に作りにいく探求は誰しもがやったほうがいい。しかし、そのプロセスを自分一人でやるのは限界がある。

　私の場合は、Secure Base として、すべてを抱擁して問いかけによって導いてくれる先生や親友の存在、自身への問いかけをもたらす濃厚な

瞬間を提供する仕事などの機会、純粋な想いを持つ個人とつながれる機会の存在は必須になっています。

　ＳＨＩＦＴには、参加者個人が、各々のかけがえのない瞬間の問いかけに純粋に挑めるよう、すべてを抱擁するSecure Baseとして参加者を支える場であってほしいと願っています。そんなＳＨＩＦＴに対して、私は、参加者が、純粋な個人として想いを起こす、そういう気づきや構えを持てるよう、貢献していきたいと考えています。

自己変革ストーリー

一般財団法人北海道勤労者信用基金協会 参与 **岩立顕一郎**

○SHIFTとの出会い

　SHIFTとの出会いは江上さん、山口さんとの邂逅から始まります。それは、2020年12月28日にオンラインでも開催された『金融機関のしなやかな変革』（山口省蔵・江上広行・坂本忠弘著、金融財政事情研究会）の出版イベントでのことでした。

　自分は当時、所属していた組織における過度な同質性の強要による組織文化が、経営陣への忖度と社内政治に、顧客価値ではなく規則の厳守に向かわせていると痛感し、あくまでも理念にある「人々が喜びをもって共生できる地域共生社会の実現に寄与する」を第一に目指す組織に変革するにはどうしたらよいのか悩んでいる時期でした。悩むと同時に自分自身に変革するだけの能力が不足していると感じ、ビジネススクールで一から経営を学び直し始めたところでもありました。

　そんな自分に『金融機関のしなやかな変革』という書籍のタイトルは大きな衝撃を与えました。自分の悩みと同じだと……。そして出版イベントに参加し、江上さん、山口さんらの著者の熱い想いに心を打たれたのです。この本では、「価値を大切にする金融」に関する多くの先進事例が紹介されており、旧来のピラミッド型組織構造から自律的な組織への変革というところでも非常に参考になるものでした。何よりも金融機関の多くで採用されているピラミッド型組織が人間である構成員を機械の部品のように扱ってしまうことに問題があると明確に示し、利己や利他の精神等の人間本来に備わった能力に目を向けていくことが大切であるとのメッセージが込められていました。ここに自分は痺れました。

そして、江上さんと山口さんは、そして、『金融機関のしなやかな変革』を日本の金融機関で実践しようともされていました。それがＪＰＢＶです。さらに、価値を大切にする金融の実現に向けたリーダーを生み出す開発プログラムとしてのＳＨＩＦＴを運営されていました。私は個人としてＪＰＢＶに参加し、その後ＳＨＩＦＴでも学ぶようになります。

○ＳＨＩＦＴにおける学び

ＳＨＩＦＴでは、それぞれの個人は多様な立場や異なる考え方を持っていることを受容し、お互いに深く真摯に対話することを行っています。

それまで対話という概念を意識したこともなかった自分は、考え方が異なる相手を論破することばかり考えていました。今思い返すとこれはあまりにも稚拙な思考であったと本当に顔から火が出るほど恥ずかしいです。それまでの自分のキャリアを振り返ると、敵の多い環境をあえて作ってきたと言えます。自分が変革したいと思った組織の過度な同質性の排除の一端を自分も担っていたのだということも理解できました。

今では、組織を変革するということは、リーダーである自分自身を変革することでもあると捉えています。自らを変革し、理念を実現するための意思決定と行動を常に行うことで、周囲からの信頼と共感を広げていく。これが組織の変革につながっていくのだと考えるようになりました。自分が考える自己変革とは、ありのままの自分を理解し、それを受容することで自身の行動変容につなげることです。

このように考えるようになったきっかけを２つ紹介します。インターバル・セッションによって自己理解を深める場が定期的にあったこと、そして、ＳＨＩＦＴの仲間の存在です。

まずインターバル・セッションについてですが、ベースキャンプ・セッションで学ぶリーダーに必要となる内面開発、思考法、理論等を実践する場として行われます。そのなかでも自分の場合は、メンタルモデルの実践が自己理解を深めることの重要性に気づくことにつながりました（ＳＨＩＦＴが行っている対話セッションについては第１章を参照）。

具体的には『ザ・メンタルモデル ワークブック』（由佐美加子・中村

伸也著、オオルリ社）に基づいて行いました。自分の表に出したくない面を明らかにして、それを受容することで、周囲にも好影響を与える行動につなげていくものです。

2 on 2 の中での対話によって表に出したくない自分が明らかになっていくプロセスは、本当に逃げ出したくなるほど辛い作業でした。臆病な自分、ずるい自分、他責にする自分、嫌な面がどんどん明らかになりました。ただ、ある閾値を越えたところで、もう受容するしかないと思わざるを得なくなります。そんな自分を許そうと思えるようにもなりました。そのことで心がふっと軽くなったのです。本来の自分自身を知って自分を許すことで、これまで変革しなければならないとしていた自分以外の誰かとは、自分自身に他ならないと自然に思えるようになりました。問題の原因は外にあるのではなく内にあったのです。

自分自身の認識を変化させることで、自分の行動が変わり、この行動が周囲にとって信頼に足るものであり、共感が得られるものであれば、自然と周囲の人の認識や行動も変わっていくのではないかとも、そこで思えるようになりました。

2つめは、SHIFTの仲間の存在そのものです。SHIFTの仲間は組織も業界も異なるメンバーで構成されています。それゆえに実ビジネスにおける自分自身の悩みを真に理解してもらうことは難しく、すべてをさらけ出すというところまで実際にはできていませんでした。

ある時、自分にとって好ましくない実ビジネス上の問題が浮上します。この問題はSHIFTのメンバーをも巻き込む事態となってしまいました。私はSHIFTを辞めることを覚悟しましたが、江上さんがSHIFTメンバーと直接話す場を設けてくれました。そこで自分は意を決して辞めたくないという正直な気持ちを話すことにしました。いろいろ事情を問われるのだろうとも予測していましたが、SHIFTメンバーは自分の話をまずは受けとめてくれました。自分には話をまともに聞いてくれる仲間はいないとずっと思っていましたが、ここではじめて一人ではないのかもしれないと思えました。

これも対話を前提としたコミュニケーションの大切さを知っているメ

ンバーたちだからこそ、このような想いに至ったのだと感じます。一人ではないと思えたことが、仲間を信じてもよいのだという気持ちを生み、自分自身を変革することが自分一人を変えるだけにとどまるのではなく、仲間を巻き込み、ともに進むことができるのだと思わせてくれたのです。

　また、ＳＨＩＦＴメンバーからは周囲から信頼や共感を得るリーダー像も学びました。メンバーには、すでに「価値を大切にする金融」を実践するリーダーとして振る舞っている方が数多くいます。その方々に共通する特徴は、常に自分の器を大きくする、能力を高めることに貪欲であるなど、価値観の異なる他者から学ぶ姿勢を持っているということです。ここも自分を変革するうえでの指針となるものであり、大きな学びとなっています。人間としての器と自分の能力を高めることにコミットし続けることがいかに大切かであると実感しています。これにより、常に謙虚であり、品位礼節を保ち、他者への尊厳を大切にする倫理的なリーダーシップの発揮につながるのだとも理解するところです。

○ＳＨＩＦＴで得たもの

　ＳＨＩＦＴの活動によって得たものは３つあります。１つめは組織変革にはリーダーである自己の内面の理解が必要であると実感できたことです。２つめは仲間の大切さを知り、自分は一人ではないと実感できたことです。ここまでは前述したところです。そして３つめがこれまでの２つの実感から自分自身の行動が少しずつポジティブに変化しているということです。

　例えば、自分と異なる考え方に対してまずは受容したうえで、自分との違いや共通点を冷静に分析する心の余裕が生まれました。相手を論破しようとしていた頃の自分からは想像もできなかったことです。

　とくに、常に何事にも感謝の気持ちが持てるように変化してきています。とくに自分とのコミュニケーションをポジティブに捉えてくれる人は、それだけで大変貴重であり、深く感謝するところです。

○ 自身の志の棚卸し

　自分は「次の世代が希望を持ち、多くの選択肢を持てる環境の整備を行う」を志としています。これは内村鑑三の、後世への最大の遺物は「勇ましい高尚なる生涯である」に感銘し、自分がこの世にいる間に何を成し得たいのかを考えた時に表出した言葉でもあります。

　この志の具体化として、すべての人が自分のキャリアを通して良い人生が送れる環境を整えたいと強く思っています。それは前出の書籍『金融機関のしなやかな変革』で述べられていた人間本来に備わった能力、すなわち人の役に立ちたい、役に立ったら幸せを感じることであり、すべての人が少なくともこの幸せを感じる機会が公平に得られる環境を整えたいということです。

　私は、ＳＨＩＦＴでの学びを踏まえ、今の自分が人生を通して本当にこれを成し得たいのか、そこにコミットできる理由を改めて自分に問いかけました。この問いに答える論点としては、自分の価値観、自分の行動の原動力（ポテンシャル）、経験・知識・スキルの３点を理解することに絞りました。

　１つめの自分の価値観を理解するメソッドとしてはＳＨＩＦＴで学んだプロセスワークを用いました。プロセスワークでは、自分の苦手な人の性質は、実は自分の深層心理にある自分の性質の投影であると捉えます。その深層心理を外に出さないための境界が価値観であるとも言えます。自分の場合は「他人の意見を自分の都合のいいように置き換える人」がきわめて苦手です。認めたくはありませんがこれは外に出したくない自分そのものと言えます。これを外に出さないための自分の価値観は「自分が一次情報で見て感じたことを大切にする」と理解しました。

　２つめは自分の行動の原動力（意欲）はどこから湧き上がってくるのか、ですが、『人を選ぶ技術』（小野壮彦著、フォレスト出版）で紹介されていたポテンシャル・モデルを用いました。これは何をすることに最もエネルギーが湧くかを明らかにしていくものです。ポテンシャルの因

子としては、①好奇心、②洞察力、③共鳴力、④胆力の４つが挙げられています。自分は、この４つのうち「好奇心」「共鳴力」のポテンシャルが強いという結果でした。常に新しいことを知りたがったり、人とのつながりを求めて全国飛び回ったりしている自分の行動からも納得するところです。

最後３つめの経験・知識・スキルについては、自己理解だけではなく、過去の部下や上司への360度アンケートを用いました。これはビジネススクールの講義で2021年に実施したものです。この結果からは自覚していない強みが明らかとなっていたのですが、それが「マネジメント」「実行力・巻き込み力」でした。今回改めてこれを再確認しました。

以上の３つを踏まえ、自分の特性は「多くの人と共感で直接つながることに興味があり、そんな社会にワクワクする」と捉えました。

ＳＨＩＦＴで学んだことは、対話を通して自分と他者との違いを理解し、受容することで自身の行動を変容することができ、その結果、周囲からの信頼と共感を得られることで組織を変革できるというものです。つまり、人と共感でつながることそのものに興味をもち、そんな社会にワクワクする自分だからこそ挑み続けることもできるものと確認できました。

○ 今後実践していくこと

自分の今、すべての人が、自分のキャリアを通してよりよい人生が送れる環境を整えたいと強く思っています。この実現のためには組織の中で対話ができる環境を整えることが大切ですが、経営者や経営幹部といったリーダーシップの発揮が強く求められる層のアンラーニング等による意識変容がより大切であると考えています。

自分は、本来の社会に貢献するという価値の提供を第一に考えるのではなく、社内力学を重視し、雇用を守るということを大義名分として、実際は人材を飼い殺しにして多くの人の人生を壊している状況を目の当たりにしてきました。これは人間の尊厳である「自由」を脅かす状況であるとも言え、このような状況を少しでも早く変えたいと考えています。

そのためには、経営者層・経営幹部層が中間層や若年層、外部のステークホルダーとの対話を積極的に行うことを通して、自組織だけではなくステークホルダー全体での意識変容を促し、これらの層が分断することなくお互いの尊厳を大切にできる環境を整備していくお手伝いをしていきたいと考えています。

まずは自組織の社会的インパクト（事業活動の結果として生じた社会や環境への影響）を評価することを通してステークホルダー（外部を含む）と対話をすることから始めています。また、かなり長期的な取り組みにはなりますが、大学の非常勤講師にお声かけいただいたことをきっかけに、これからの時代を作っていく若い方への学びにもご協力していきたいと思っています。

私は社会人大学院生として2つのビジネススクールで学んできましたが、この学びの仲間とも業態・職種・年齢を超えたコミュニティを作って地域でおもしろいことをやっている人をつなげていくことにも取り組んでいます。

自分の志の実現のために、仲間とともに常に自分を高める努力を続けたいと考えています。そして、これからの自分が周囲の信頼と共感が得られるリーダーになるために常に意識していく5つの誓いを最後に宣言して本稿を締め括りたいと思います。

❶ できない言い訳探しときっぱり縁を切り、一切の否定的な言動を慎み、前向きに明るく生きる。
❷ 枝葉末節にとらわれず、他人の揚げ足をとらず、重箱の隅をつつかない。
❸ 他人の噂話に耳を閉じ、わが道をいく孤独に耐える強さをもつ。
❹ 自らの感情を素直に受けとめ、意志を持って自らをコントロールする。
❺ 次の世代が希望をもち、多くの選択肢をもてる環境の整備に全力を尽くす。

だから私たちはSHIFTする
～女子会対話録～

　金融業界での女性のリーダー像にはどのようなイメージがあるでしょうか？　そもそも、イメージが湧きにくい方も多いかもしれません。女性職員はお茶汲みや寿退社という言葉があった時代から、女性活躍推進の社会の流れが来てもなお、金融業界の女性リーダーはまだまだ極端に少ないのが現状です。ＳＨＩＦＴの女性参加者も当初ゼロからのスタートでしたが、徐々に増えて２年間で全体の２割というアンバランスではありますが、存在感は大きくなってきました。

　ここでは、４人の女性参加者にＳＨＩＦＴへの参加動機、学び、参加後の変化を対談形式で本音で語っていただきました。組織内では言葉にしにくい耳の痛い話や、長年先送りにされてきた金融機関内の女性の抱える課題、そして一人ひとりの変容も含めた心の声です。そこからは「葛藤」「対話し、理解を深める」「ありのままの自分」「実践と挫折を支え合う仲間」などＳＨＩＦＴ像が見えてきました。

ＳＨＩＦＴ参加者…登場人物紹介

ゆっきー　地方金融機関に勤務。一般職から営業職に転身すると同時にＳＨＩＦＴに参加。仕事と子育ての両立や人間関係等のストレスにより休職。

やーこ　プログラマーから転身して、信用組合の人事部に勤務。

あんじー　全国転勤型の金融機関で融資等さまざまな業務に従事。自律的に働くことができる組織のためのヒントを求め、金融機関の組織変革に挑戦している人々が集うＳＨＩＦＴに参加。

はるか　地方銀行に勤務。出産して未来のために何ができるか葛藤。その最中にＳＨＩＦＴに参加。

（ファシリテータ）

なぼ　ＪＰＢＶ設立前から社会的金融に関心があり、市民団体として参加。ＳＨＩＦＴ事務局サポート。

（開催：2023年5月21日（土）ファシリテータ：なぼ／ＳＨＩＦＴ事務局サポーター）

問い　SHIFTに入るきっかけと、入ってからの変化は？

会社の同期や上司を見返してやりたい！

ゆっきー

　ある金融機関に一般職（事務職）で入社。女性でも事務職から営業職にチャレンジできる制度が新設され、営業職へ転身しました。背景には、事務職はお給料は上がらない一方、同期の（男性の）営業は昇進し、給料もどんどん上がっていくことへ不満がありました。

　SHIFTに入った動機は「会社の同期や上司を見返してやりたい！」「SHIFTに入ったら何か起こるだろう、すごい人とつながっている自分はすごいでしょう？」と見せたいなどでした。ひどい動機でしょ？

ありのままの自分でいて良い

ゆっきー

　SHIFTで学んだことを会社で活かすというより、自分の内面のドロドロしたところを、対話を通して溶かしてもらいました。他人に存在感を示したいエゴの塊だった自分が、仕事で心がポッキリ折れて鬱になり休職しました。それでも、SHIFTのメンバーとは連絡をとり続け、彼らは「鬱で休職中の私」を受けとめてくれました。

　変化のきっかけは、2023年4月、東京で開催されたSHIFT LEADER's FES（SHIFTの活動紹介と、参加者に限らず多様な人との交流や、体験型のワークショップを通じSHIFTのことを伝えるイベントとして初開催）でした。SHIFTのメンバーとリアルで会いたいという一心で、肩書も名刺も持たず子連れで参加しました。

　ワークショップ参加時に、何を発揮しなくても、そこに存在していい、「ありのままの自分でいて良い」ということが腑に落ちて、

見える世界が180度変わったのです。それから周りが変わってきました。ある会社の方が、私の学ぶ姿勢を評価し、「SHIFTで学んだ対話を活かし、お客様と対話して行動変容を促してほしい」と声をかけてくれました。今までのことが、あ～すべてつながったと思いました。それから毎日が嬉しくて眠れないくらいです。存在感を発揮することを手放し、ありのままの自分を受けいれると、こんなに変わるんだと思いました。

なぽ

　ゆっきーと共に学んできた他のメンバーも、ゆっきーの参加当初から今までの顔つきの変化、前より心が楽になっていること、泣かなくなったなど大きな変化を実感していました。と同時に、楽になり素でいられるようになった今をお互いに喜び合える関係が築かれています。現在は心身共に回復し、お声かけいただいた金融機関の関連会社に転職することが決まりました。SHIFTでの学びを実践していく予定だそうです。

　では、あんじーさんの参加動機と変化はどのようなものでしょう。

周りを巻き込む難しさの壁

あんじー

　ビジネススクールで学んでいるときに、自律型組織になるには何ができるかを模索するとともに、周りを巻きこむ難しさの壁にぶち当たっていました。そんななか、江上さんから、さまざまなバンカーが集い、組織内の変革に挑戦している会「SHIFT」を紹介いただき、何かヒントが得られればという思いから参加を決めました。

対話し、理解を深める

あんじー

　SHIFTでは、例えば、本屋さんに入って自分では手を伸ばさないジャンルに触れるきっかけをいただきました。加えて、金融というキーワードでつながるメンバーが、それぞれの解釈、経験談、事例等を共有し、対話し、理解を深めるという丁寧で、贅沢な時間

を持てています。同じ業界の身近な存在が組織内で果敢に挑戦している話を聞くにつれ、「知っている、わかる。でもなぁ〜……」という精神状態から、「私にもできるかも、やってみよう！」と小さな一歩を踏み出すきっかけとなっています。

一緒に挑戦する仲間ができた

あんじー

　その結果、組織内で自分なりの声を出して、それを形にできつつあることは小さな自信となりました。SHIFTのベースキャンプ・セッション後に開催するインターバル・セッション（編注：3〜4名のグループでの対話）でも直面している課題について話を聞いてもらって、アドバイスをいただき、毎回「チャレンジしてみるか〜」と救われています。SHIFTを通して一緒に挑戦する仲間ができたことは本当に幸せだと思います。

ゆっきー

　あんじーさんは準備ができていたから、SHIFTに入って即効性があったのかもしれないですね。SHIFTの学びで心が震えることがあって会社に行ったので、それで周りの人にスッと入ったのかもしれない。

あんじー

　準備をしていると、下積み時間が長くても、信じていける。この歳になっても変化できると思えたのはよかったと思います。

なぼ

　あんじーさんは自分自身の変化とともに、職場の方の変化も感じているそうです。今まではやるといいとわかっているけれど進めなかったあんじーさんが、「私もできるかもやってみよう！」という小さな一歩を踏み出すきっかけになったのは大きな変化だと思います。
　続いてやーこさんのお話をお聞きしたいと思います。

職員の皆が全然幸せそうではない

やーこ

　他の業界から金融機関に入って不思議に思うことが多々ありました。

　どうして本部と営業店との間に隔たりがあるのかな？　営業店の人が稼いでいるのにどうして本部の人は偉そうなのかな？　などと感じていました。

　また、最初は人事だからと嫌厭されるのも不思議でしたが、営業店の人に「ありがとう」という気持ちで仕事をしているうちに徐々にお悩みを相談されるようになりました。

　私から見て職員の皆が全然幸せそうではなく、なんでなんだろう？　と考えていました。部店長全員に本を配って著者を招いて研修したり、パワハラの研修をしてみたりしましたが、響いてほしい人にほど響かない状況でした。

フラットで自由な組織への憧れ

やーこ

　いろいろ調べているなかで、ブラジルのセムコ社の例やティール組織に触れ、ピラミッド型ヒエラルキー組織ではない、「フラットで自由な組織」にすごく憧れました。その後、山口さんの「金融機関の組織改革に関する勉強会報告書」、江上さんの「ハンデルス銀行の分権経営」や武井浩三さんの自然経営を知り、日本の、そして金融機関でも組織改革をやろうとしている人がいると知って、すごくワクワクしました。

　さらに調べると、山口さんが主催している「熱い金融マン協会」を見つけました。自分は金融マンとは言えないと思いましたが、意を決してメールを送りました。そうしたら返信が来たんです。「熱い金融マン協会」に入会してSHIFTの存在を知り、定期的に開催されている体験会を経てSHIFTに入れてもらいました。

挫折したと言える場

やーこ

「変化」ということでいくと、私はまだそんなには自分自身の変化（成果）を感じていないです。ただ職場でいろいろと実践してみては失敗して、そんなときに、「こんなことをして挫折してしまいました」と言えるのがSHIFT。私にとってSHIFTの仲間が見ていてくれているという心強さがそれ以前と全然違います。

なぼ

お話を聞いての感想やコメントをいただけますか？

あんじー

やーこさんはご自身の課題に対して、「それはなぜだろう、解決したい」という思いから、関連するレポートを読んで、そのレポートの著者である江上さんや山口さんが主催しているSHIFTに行きついたのですね。著者にあたるその行動力がすごくて、クールビューティだと思いました！

私もずっと自組織に対してモヤモヤっとした課題はあったので、みんなの言葉がヒントとなって結び付いています。私はやーこさんの静かな挑戦から得たものも多くあって、きっと人事部につながるヘルプラインではやーこさんと話すことで助けられている人がたくさんいると思います。

ゆっきー

ベースキャンプ・セッション（月に1回の定例会）はお母さんのいるお家に帰ってきた感じです。許してもらえる場。やーこさんは社内でそういう存在なのでは？　と思います。やーこさんといるだけで安心感が得られるような。あえて何かを発揮しようとかしなくても、「大丈夫」と言われると、ホッとすると思います。

はるか　行動力がすごくて、一歩踏み出したことで芋づる式にいろんなことが舞い込んできたのですね。やーこさんの引き寄せる力があるのだと思いました。とても行動力があって、社内で新しい研修や対話会をしている情報のアップデートを楽しみにしています。SHIFTの活動を良い形で実践している先生のようで、お手本にさせてもらいたいです。

なぽ　疑問を持つこと、素朴な自分の声を行動につなげることは大人になるほどにできなくなりがちです。しかし、やーこさんの素直で飾りっ気のない姿がいつの間にか周りを染めているところがあると思いました。静かな挑戦との表現がありましたが、これからのリーダーシップだと思いました。では、最後にはるかさんのSHIFTの参加動機と変化をお聞きしましょう。

銀行だからできることと、モヤモヤが一致

はるか　出産前までは求められたことに対して期待以上のことを出せるよう頑張ろう、返そうとしていて、仕事をやる意味や、お客様に与える影響や、銀行がこの先どうなるかはまったく考えず、自分のためだけにガムシャラでした。
　　しかし、出産を経て、今までと考え方がまったく変わって「働き方はこのままでいいのか？」と考えるようになりました。子どもの未来がどうなるか、今まで見なかったテレビもよく見るようになり、環境活動家のグレタさんのことを知り、子どもが安心して暮らせる未来になってほしいと強く願うようになりました。「銀行は未来に何か関係あるのか？」というモヤモヤを抱えて産休育休からの復帰をしました。でも精神的に辛くて、転職を考えることもありました。「幸せに暮らせる未来は？」「働いている意味は？」と考えていました。
　　そんな時に私の妹が『誇りある金融』（新田信行・江上広行著、近代セールス社）の本を紹介してくれたのです。実は銀行だからできることと、自分がモヤモヤしたことが合致して「これだ」と思い、SHIFTに参加しました。

グイッと引っ張るリーダーとは違う形のリーダーへ

はるか
自分から動きたいと思ってきたのは大きい変化です。正直、それまではリーダーになるのは向いていないと思っていましたが、それは自信のなさの言い訳でした。それに、自分が思い描いていたリーダー像、「グイっと引っ張るタイプ」だけがリーダーではないと知りました。

SHIFTで対話の経験を重ねるうちに、人の発言の裏側に想いを馳せられるようになりました。目的があってそこに向かってまとめてグイっともっていくだけではなく、一人ひとりがどんな価値観なのか考えて、それを受け入れられることが多くなってきました。それによって周囲から相談されることが自然と増え、深い話ができる場面が増えてきました。

なぼ
お話を聞いての感想やコメントをいただけますか？

あんじー
『誇りある金融』を読んだ時に、そんなことが本当に実現する金融機関はすごく稀なことだろうと思いました（『誇りある金融』では海外の銀行の「価値を大切にする金融」の取り組みを紹介）。私は、今の状態でできることを起点に考えていましたが、はるかさんは、やりたいことをどうやったらできるかという観点で取り組もうとしている点がいいと思います。それも日本の金融機関で。

また、相手がどういう思いでいるか、少し寄り沿ってみる学びもたしかにSHIFTにはありました。はるかさんの職場のチームはきっといいチームだと思います。

ゆっきー
相手の願いや思いを見られるようになったきっかけはなんでしょう？　それは大変だと思うけれど、やろうと思ってもできないこと。どうやってできるようになったのか？　すごく気になりました。

はるか

　ＳＨＩＦＴに参加して最初のセッションがファシリテーションについての学びの最終回でした。ある動画で、まったく違う意見を発言し空気を乱すという人がいるシーンを見ました。私も最初、この人は場を乱す人だと思いましたが、その人がどういう経緯でいるか背景を知り、180度見方が変わりました。（世界的に著名な科学者や知識人が集まる国際会議で、唯一の地元の参加者が現地の状況を知らない世界各国の人たちに自分たちの国のものごとが決められていくことに対して異を唱えたシーン）その体験がすごく衝撃だったのです。

　会社でも変なことを言う人はたくさんいます。しかし、もしかしたらその一人ひとりが引きずっている（心の）痛みがあるのかな？と気づき始めたのがきっかけです。メンタルモデルの違い、コーチングでも考え方の違いが当たり前というのに腹落ちしました。でも、心の余裕のある時しかできませんね。

やーこ

　はるかさんは真っ直ぐな人。だからこそ壁にぶつかって辛そうに見えることもあります。でも、すごく成長されているのだと思います。なんだかジャンヌダルクみたいな感じでかっこいいと思っています。

なぽ

　私も次世代のためにという思いが強いので、とても共感するお話でした。相手の背景に想いを寄せることができるということは、違いに出会えば出会うほど、自分が豊かになるのではないかと思いました。

　以上で女子対話会はお開きとなります。ゆっきーさん、あんじーさん、やーこさん、はるかさんの体験談はいかがでしたか？

　働いていれば、多かれ少なかれ、悩みや不安、葛藤を抱えることがあるとは思いますが、金融業界特有の課題にそれぞれの場所で向き合い、ＳＨＩＦＴというコミュニティでつながることで、強さに、そして変化となっていると思います。もしかしたら似たような課題を抱えて、お読

みいただいた方の気持ちや体験を代弁しているところがあったかもしれ
ません。

　この4人の歩みが金融業界で働くことに対する新たな希望になること
を願っています。一歩踏み出してみようかな、自分を変えてみたいな、
金融業界で社会に貢献したいなと思う方、ＳＨＩＦＴでご一緒できるこ
とをお待ちしています。

むすびに

小さな一歩

　ＳＨＩＦＴを始めてから３年近くが経とうとしています。

　私は、当初から、ＳＨＩＦＴで行われる対話が、参加者の自己変革を支えると同時に、参加者が所属する金融機関内での対話へと拡がっていくことを期待していました。僅かずつではありますが、それは実現しています。ＳＨＩＦＴの参加者の多くが、自分が所属する組織で対話を拡げています。ただ、そうした動きが金融機関を変えるまでに拡がり、金融機関とその顧客の間にまで波及していくのにどれだけの時間がかかるかはわかりません。金融界全体から見れば、小さな一歩でしかありません。

　しかし、金融機関の組織の枠を超えたコミュニティの存在が金融機関の役職員を変えていくうえで重要な場になることについては、この３年近くで確信を持つようになりました。ＳＨＩＦＴは、そうしたコミュニティの実験場でもありました。江上さんと私が考えていた仮説は検証された、と思っています。

　本書の巻末に2023年３月末にＳＨＩＦＴ参加者に行ったアンケートが掲載されています（このアンケートは、当時ＳＨＩＦＴ参加者であった木村真樹さんが企画・実施したものです）。

　このアンケートの中で明らかになった、ＳＨＩＦＴが「参加者の内面に与えた影響」のベスト３は、以下のものです。

　① 自分自身と内省したり、向き合うことができるようになった。
　② 多様な人とのつながりに感謝できるようになった。
　③ 自分とは異なる価値観や多様性を受け入れられるようになった。

　これらを一言でまとめると、「対話ができるようになった」ということだと思います。

また、ＳＨＩＦＴが「参加者の外面に与えた影響」のベスト５は、以下のものです。

1位　これまで出会わなかったような人たちとの人脈が広がった。
2位　自分を応援してくれる仲間が増えた。
3位　自分の意思で新しいチャレンジに取り組むことができた。
4位　仕事でリーダーシップを発揮する機会が増えた。
同じく4位　仕事での成果に直結した。

上の２つは、「組織の枠を超えたコミュニティの存在が参加者の大きな支えになった」ことを示しています。下の３つは、その支えを背景に、「参加者が所属する組織の中でリーダーシップを発揮できるようになった」ことへの実感が示されています。

アンケート結果をみても、組織の枠を超えたコミュニティで継続的に行われる対話が、組織を変えるリーダーシップへとつながっていくことがわかると思います。

未来を担うバンカーとは

アンケートをみて、新たな気づきもありました。ＳＨＩＦＴは20代から60代まで幅広い年齢層が参加していますが、コア層は30〜40代とわかりました。ＳＨＩＦＴにおいては、フラットな関係が保たれているので、お互いの年齢や職位の差を気にする機会がありません。アンケートをまとめることによって、そうした属性の構成を認識しました。さらに、ベースキャンプ・セッションやインターバル・セッションといった定例のイベント以外でも、参加者同士で自主的な取り組みを行っている例が多いことがわかりました。

私が30〜40代で銀行にいた頃は、銀行の外のコミュニティに参加して、仕事以外の取り組みを行う気持ちの余裕はありませんでした。このため、私は、アンケート結果を見て、「仕事も忙しいだろうに、みんなよくやるよなあ」と思ったのです。そういう意味で、ＳＨＩＦＴに参加してい

るバンカーは、自分が若い時代にはいなかった新しいタイプの人材です。過去の自分対比でみれば、目の前の人たちはすでに変革の一端を示していました。

　30〜40代頃には、私は銀行の管理職になっていました。その頃の私は、今から思えば、部下との対話が十分にはできていない上司でした。当時、私は、自分だけで考えて、部下に指示をすることのほうが多かったと思います。これは、自分の能力と努力がわかりやすく反映されるアプローチでしたので、うまく成果が上がれば達成感を得られましたし、自己効力感が増すものでした。周囲の管理職も同じようなアプローチをしていたと思います。これは、上司の頭の中の知識の範囲がそのままチームの成果に影響するアプローチですので、水平的な能力の持つ意味は大きかったと思います。担当者としての優秀さが管理者としての優秀さに直結していました（今でも金融機関の人材開発部署が水平的な能力を重視する気持ちはわかります）。しかし、それは、そうした上意下達のチーム運営ではそうなる、ということにすぎません。

　ＳＨＩＦＴを運営するなかで、時々「もし自分が30〜40代の頃にＳＨＩＦＴのような外部コミュニティに参加していたなら、どうなっていただろう」と自問します。おそらく自分の銀行員人生は変わった、と思います。もう少し詳しく言うと、自分の周囲で働いていた人たちが変わっただろう、と思うのです。当時、一緒に働いていた上司、同僚、部下の人たちは十分に優秀でした。しかし、チームとしての実力を100％発揮できていたわけではありません。

　この本を読めばわかると思いますが、対話ができる人（他者の話を受けとめて、問いが出せる人）は、周囲の人をリーダー（自分で考えて、視野を拡げ、その気づきによって行動する人）にする人です。部下の話を受けとめて、問いを出せる上司は、部下にリーダーシップを発揮させる上司です。私が30〜40代の頃に、対話の大切さを知り、組織の外のコミュニティでそのスキルを育み、それを銀行内の自分のチームに試せたなら、自分が所属する銀行のチームは、お互いに問いの答えを探し、気づき、共有し、それを踏まえて行動するリーダーシップを十分に発揮す

るようになっただろう、と思います。チームのメンバーは、より楽しく働けたと思いますし、私自身もより成果を上げられたのではないか、と想像します。

頭がいいために成長しない銀行員へ

　バンカーの方々とお話をすると、その多くが今の自分の組織について「このままではいけない」との危機感を持っていることがわかります。また、そうした金融機関を変えていくために、多くの方が人材の重要性を認識しています。もっとも、ほとんどの金融機関において、今の自分たちを変えられるような人材開発の方法を見つけられてはいません。

　そもそも、この問題は金融機関の中にある狭義の人材開発部門だけで解決できるものではありません。組織全体の構造や文化、その中で育まれてきた個々の職員の考え方や日々の行動が影響しているからです。今の銀行の組織の仕組みや文化を前提にすれば、頭がいい銀行員は、その仕組みや文化を変えようとチャレンジするよりも、その環境に順応したままでいるほうが（＝成人発達理論における環境順応型知性にとどまるほうが）合理的であると感じているように思います。すなわち、垂直的成長を阻む構造が銀行の中にあるわけです。そうだとすると、金融機関をまるごと変えるのでなければ、新しい形の人材開発はできない、とも思えます。

　しかし、少しだけ視野を拡げれば、人材の問題を個別の組織の内側だけで解決する必要もないのです。周囲の仲間のことも考えながら、自分の想いを大切にするバンカーへと成長するためには、お互いのありのままを受けとめ合い、本音で対話ができる相手が必要です。本音で対話できる相手が銀行の中に少ないのであれば、1歩だけ銀行の外のコミュニティに参加して、金融のあり方を対話してみることが有効だと思います。

　金融機関の職員の中には、社会に価値をもたらす金融の可能性を信じて就職した人たちがたくさんいると思います。その気持ちが残っている間に、もしくは金融機関を辞めてしまう前に、1歩だけ組織の外に足を踏み出して、同じ想いを持った人たちと対話してほしいです。

この本を読んだ皆さんには、それが無駄なことではないとわかってもらえたと思います。

ありがとうと言いたい

江上さんは、みんなの原稿をうまくまとめてくれました。江上さんなくして、この本はありません。江上さんは、また、ＳＨＩＦＴの運営においても、いつも新しいアイデアで、楽しませ、学ばせてくれる存在です。日頃の感謝を含め、ありがとう、と言いたいです。

少し離れてみれば、江上さんと私は、同じような取り組みをしている２人です。しかし、おおむね同じ方向を目指しているにもかかわらず、近くで一緒に仕事をしていると、お互いの僅かな違いが気になり、互いに自分の方に寄せようと、（対話ではなく）議論をしがちになります。この本のプロジェクトでも、そんな場面がありました。そんな時に、２人の対話をファシリテーションしてくれたのは、編集を担当していただいた経済法令研究会のマッシー（石川真佐光さん）とおかっち（西岡諒さん）でした。マッシーは、一緒に本を出すのはこれがはじめてとなりますが、10年来仕事をしてきた仲間です。おかっちは、自らＳＨＩＦＴに参加して、その価値を感じて、この本の編集を担当してくれました。２人とも月刊誌を担当しながらの多忙ななか、本づくりに骨を折っていただき、感謝しています。また、出版事業部長である西牟田隼人さん、担当役員の榊原雅文さんをはじめ、経済法令研究会において、この本の企画をご支援いただいた方々にも、御礼申し上げたいと思います。

本書に、手記を寄せてくれた、バビーさん（馬場貴裕さん）、だいすけさん（林大祐さん）、みやちゃん（宮入則之さん）、ひろさん（藤野宙志さん）、くりさん（栗田亮さん）、だてちゃん（岩立顕一郎さん）、ＳＨＩＦＴ女子会の対話をまとめてくれた、なぽさん（清水菜保子さん）、女子会に参加していただいたＳＨＩＦＴ女子の方々、〈付録〉に掲載したアンケート調査を企画しまとめてくれた、きむさん（木村真樹さん）、ありがとうございます。また、すべてのＳＨＩＦＴ参加者の皆さん、ＳＨＩＦＴで繰り広げられている皆さんの対話によって、私を含め事務局の面々に気づきがもたらされています。ありがとうございます。さらに、

SHIFTの事務局を支えていただいているるなさん（堅田瑠那さん）、過去同様に事務局を支えてくれた、すみちゃん（柳田純子さん）、ホクさん（高橋尚之さん）、ありがとうございました。

最後に、金融機関で日々過ごしている多くの人たちへ。

　皆さんの意思と行動によって、世の中は良くもなれば、悪くもなります。まずは、金融機関という組織の枠を少しだけ越えて、その外にあるフラットな立場で対話ができるコミュニティとつながっていただければ、と思います。

　それが皆さん自身と金融機関を変えていく第一歩になる、そう思います。

2024年1月

山口 省蔵

〈付録〉JPBVリーダーシッププログラム参加者へのアンケート調査結果

　JPBVリーダーシッププログラム（SHIFT）に参加している28名の方々に、2023年3月下旬から4月上旬にかけてアンケート調査（ウェブ形式）を実施しました。参加者の属性やそれぞれの関わり、プログラム参加による変化が垣間見ることができます。この調査は、合同会社めぐるの協力を得て客観的視点から実施されました。

① 　年齢

② 　性別

③ 　居住地（都道府県／主な生活拠点）

④ 　所属（主な収入源となっている先）

⑤ 　勤務先（本店・支店）　※所属が金融機関の人のみ

⑥ 　所属先での役職

⑦ 　所属先における兼業・副業の可否

⑧ 　兼業・副業の有無

⑨ 　SHIFTに参加したきっかけ

⑩ 　SHIFTに参加する際の費用負担

⑪ 　SHIFTの参加期間

⑫ 　最も印象に残っているベースキャンプ・セッション

⑬ 　所属先以外の活動への参加頻度

⑭ 　SHIFTの活動への参加頻度

⑮ 　所属先の同僚との付き合いの頻度（所属先以外で）

⑯ 　SHIFTの参加者との付き合いの頻度（SHIFTの活動以外で）

⑰ 　所属先の同僚への信頼感

⑱ 　SHIFTの参加者への信頼感

⑲ 　SHIFTが内面に与えた影響（意識や価値観、能力など）

⑳ 　SHIFTが外面に与えた影響（行動や成果など）

㉑ 　所属先の同僚へのSHIFTのオススメ度合い

㉒ 　バリューベースバンキングの実現に向けたアクション　※個人や所属先が特定される内容のみ事務局で一部改定

(1) SHIFT参加者の属性について

① 年齢

30代が最も多く、「30代」「40代」が83.1%を占める。

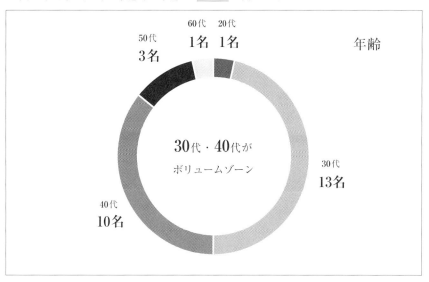

② 性別

男性が78.6%、女性が21.4%となっている。

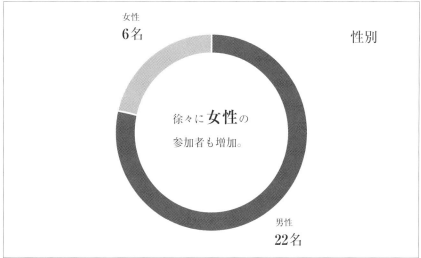

③ 居住地（都道府県／主な生活拠点）

東京都が最も多く、東京都、神奈川県、千葉県、山梨県の首都圏で50%を占める。

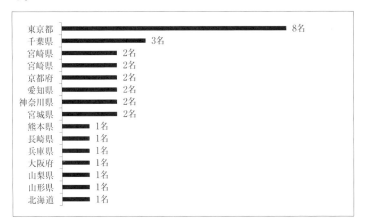

東京都　　　　　　　　　　　　　　　　8名
千葉県　　　　3名
宮崎県　　2名
宮崎県　　2名
京都府　　2名
愛知県　　2名
神奈川県　2名
宮城県　　2名
熊本県　1名
長崎県　1名
兵庫県　1名
大阪府　1名
山梨県　1名
山形県　1名
北海道　1名

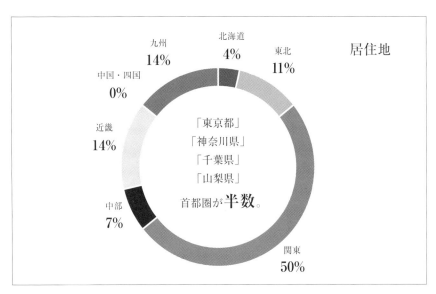

居住地

北海道 4%
東北 11%
九州 14%
中国・四国 0%
近畿 14%
中部 7%
関東 50%

「東京都」
「神奈川県」
「千葉県」
「山梨県」
首都圏が半数。

④ 所属（主な収入源となっている先）

地方銀行が最も多く、都市銀行、地方銀行、第二地方銀行、信用金庫、信用組合、労働金庫政府系金融機関の金融機関で57.1%を占める。

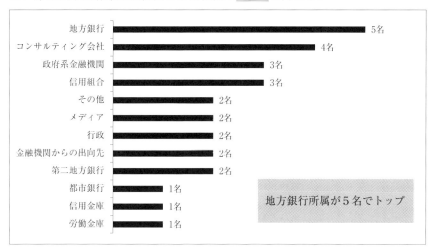

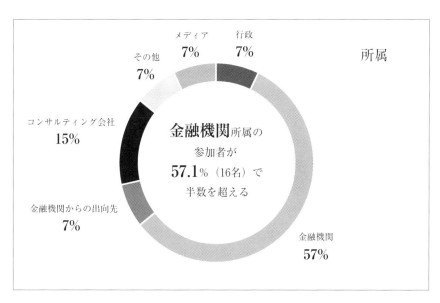

⑤ **勤務先（本店・支店）** ※所属が金融機関の人のみ

「本店」が<u>81.3%</u>、「支店」が<u>18.8%</u>となっている。

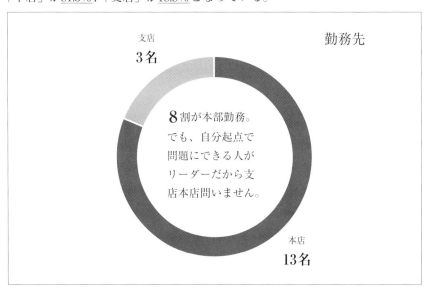

⑥ **所属先での役職**

「社員・職員」が最も多く、<u>42.9%</u>となっている。

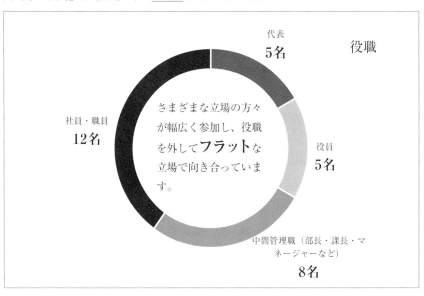

⑦　所属先における兼業・副業の可否

「兼業・副業を認めている所属先」は57.1％、「認めていない所属先」は42.9％
となっている。

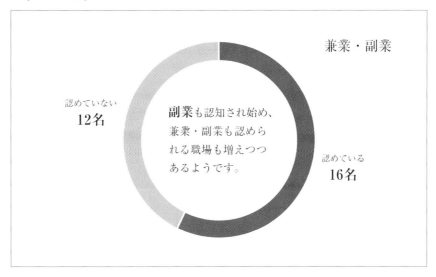

⑧　兼業・副業の有無

「兼業・副業している」が25％、「兼業・副業していない」が75％となっている。

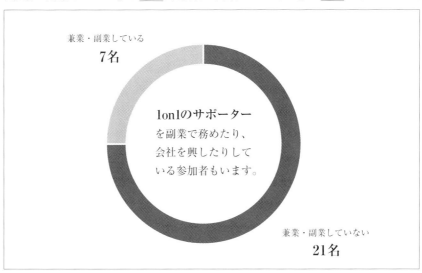

(2) SHIFTとのかかわりについて

⑨ SHIFTに参加したきっかけ

「『価値を大切にする金融』に興味があったから」「人脈を広げたかったから」「何かワクワクするものを感じたから」というきっかけが多い。

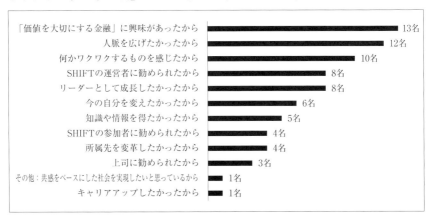

⑩ SHIFTに参加する際の費用負担

「自己負担」が60.7%、「組織からの全額負担」が32.1%、「自己負担と所属組織の折半」が7.1%となっている。

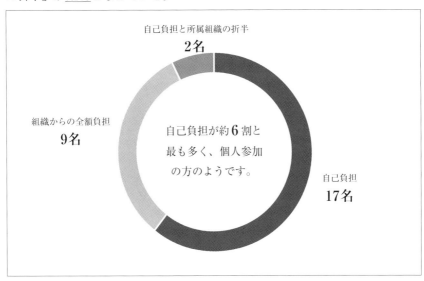

⑪　SHIFT の参加期間

「1年半以上」が<u>60.7%</u>、「半年以上1年未満」が<u>25%</u>となっている。

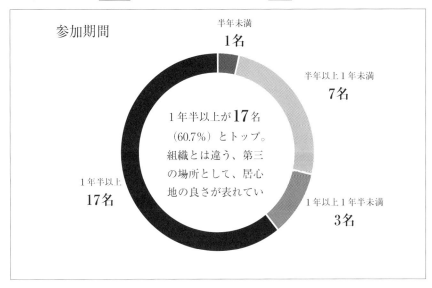

⑫　最も印象に残っているベースキャンプ・セッション

「U理論とメンタルモデル」が最も多く、「組織変革と免疫マップ」「成人発達理論」が続いている。

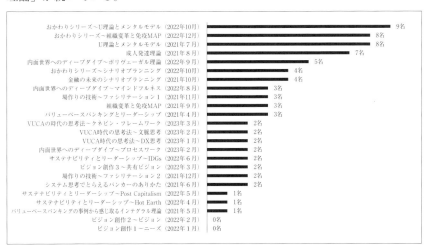

(3) SHIFTのソーシャルキャピタルについて

⑬ 所属先以外の活動への参加頻度

「ときどき参加している」が最も多く、「日常的に参加している」「ある程度頻繁に参加している」を含めると78.6%となっている。

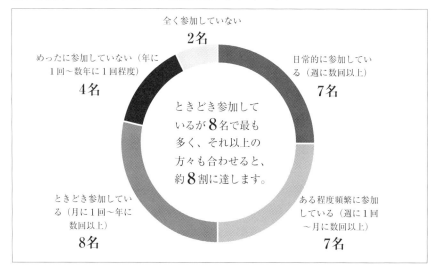

⑭ SHIFTの活動への参加頻度

「ある程度頻繁に参加している」が最も多く、「日常的に参加している」「ときどき参加している」を含めると89.3%になっている。

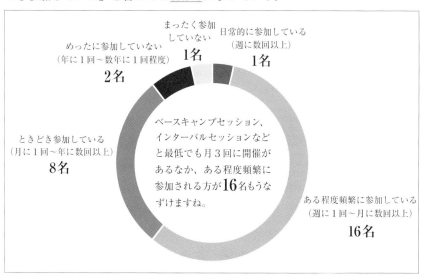

⑮　所属先の同僚との付き合いの頻度（所属先以外で）

「ときどきある」が42.9%、「ある程度頻繁にある」が32.1%となっている。

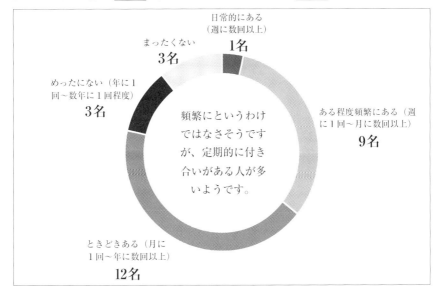

日常的にある
（週に数回以上）
1名

まったくない
3名

めったにない（年に1
回〜数年に1回程度）
3名

頻繁にというわけ
ではなさそうです
が、定期的に付き
合いがある人が多
いようです。

ある程度頻繁にある（週
に1回〜月に数回以上）
9名

ときどきある（月に
1回〜年に数回以上）
12名

⑯　SHIFTの参加者との付き合いの頻度（SHIFTの活動以外で）

「ときどきある」が53.6%、「ある程度頻繁にある」が17.9%となっている。

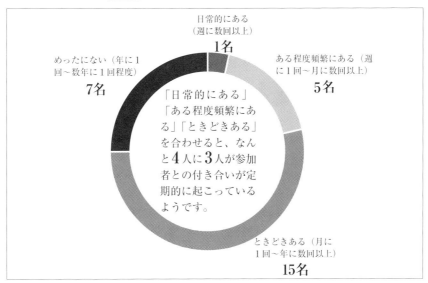

日常的にある
（週に数回以上）
1名

めったにない（年に1
回〜数年に1回程度）
7名

ある程度頻繁にある（週
に1回〜月に数回以上）
5名

「日常的にある」
「ある程度頻繁にあ
る」「ときどきある」
を合わせると、なん
と4人に3人が参加
者との付き合いが定
期的に起こっている
ようです。

ときどきある（月に
1回〜年に数回以上）
15名

⑰　所属先の同僚への信頼感

「まあ信頼できる」が<u>42.9％</u>、「とても信頼できる」が<u>32.1％</u>となっている。

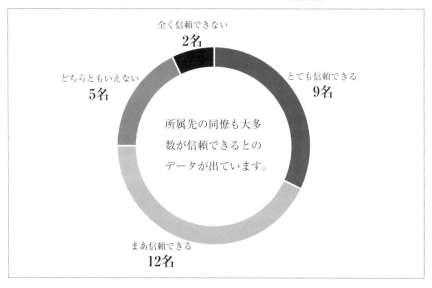

⑱　SHIFT の参加者への信頼感

「とても信頼できる」が<u>60.7％</u>、「まあ信頼できる」が<u>32.1％</u>となっている。

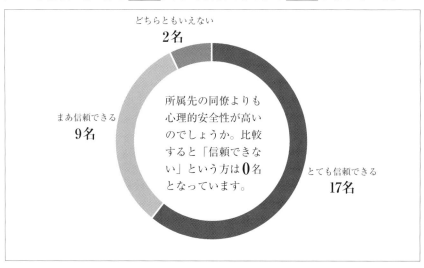

⑷ SHIFTによる変化等

⑲ SHIFTが内面に与えた影響（意識や価値観、能力など）

「自分自身と内省したり、向き合うことができるようになった」が最も多く、82.1%の参加者が選択している。

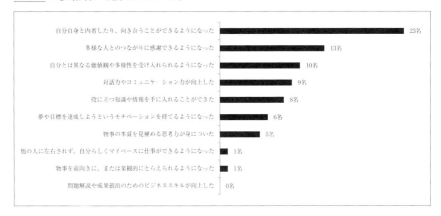

⑳ SHIFTが外面に与えた影響（行動や成果など）

「これまで出会わなかったような人たちとの人脈が広がった」が82.1%、「自分を応援してくれる仲間が増えた」が53.6%となっている。

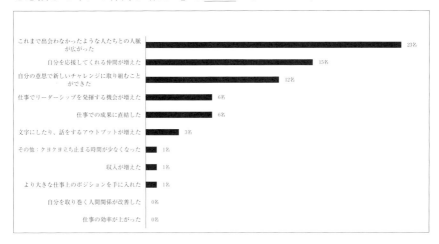

㉑　所属先の同僚への SHIFT のオススメ度合い

「7点」が最も多く、ネットプロモータースコア（NPS／※）で「推奨者」「中立者」とされる「7～10点」で82.1%となっている。

※顧客ロイヤリティや顧客の継続利用意向を知るための指標。「0～10点で表すとして、この企業（あるいはこの製品、サービス、ブランド）を親しい友人や同僚に薦める可能性はどのくらいありますか？」という質問に対する答えを基に、点数（推奨度）によって顧客を「推奨者（9～10点）」「中立者（7～8点）」「批判者（0～6点)」の3つのグループに分類する。今回のアンケートでは「推奨者」が32.1%で、「批判者」が17.9%のため、スコアは14.2ポイントとなる。

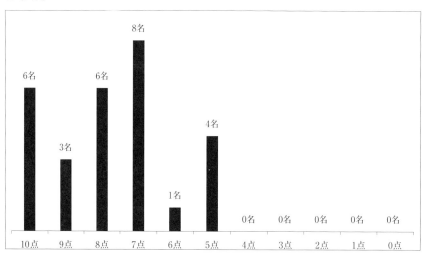

㉒　バリューベースバンキングの実現に向けたアクション

（※個人や所属先が特定される内容のみ事務局で一部加工）

●地域経済エコシステムの実践。

●月1回のベースキャンプ・セッション、ラーニングジャーニー、インターバル・セッションからの学びや体験を社内組織および社外のグループコミュニティに少しずつでも取り入れながら、トライ＆エラーで働きかけているところです。お客様の課題が多様化するなか、私たち自身の意識改革やそれぞれが抱える課題が軽減できるよう、本質的な座談会、勉強

会、対話会等の企画運営にチャレンジしています。規模やボリューム感はSHIFTとは異なりますが、今はひとまず打席に立ってバットらしきものを振っている状態です。

● 銀行での対話会提案やセミナー等学びの場への参加、対話（オープンダイアローグ）の場づくり、実践。

● 銀行内で小さな火種をたくさんつくっています。その火が少しずつ燃え広がり、大きくなることを見届けたいと思っています。

● オープンイノベーション、ソーシャルイノベーションが起きるウェルビーイングな社会変革が起こるビジョン実現を目指して活動しています。延べ5,000人くらいの多様な人たちがいる複数のコミュニティに参加し、900名以上の方々とFacebookでもつながって、多様な立ち位置から発信や交流の機会をつくりました。結果的に所属する銀行のステークホルダーとも積極的に交流し、自分の見ていない世界をできるだけ知ることができました。多数のステークホルダーの皆さんに自分の考えを伝えることで、勤務先の銀行が変わる環境を整えようと取り組んでいます。あとはバリューベースバンキングの世界観の銀行員の活動はこんな感じではないかとイメージして、やれることを日々やりながら経験を積んでいます。

● 対話を広げる。

● 自組織（出向先）の基幹会議にて、自治体・各金融機関・労働団体と対話する場を設け、ミッションとは何かを共有する場のファシリテータを務めることで、相互理解と次のアクションに向けたコンセンサスを高めることができた。一方で、どれだけ今の自組織でできることをがんばったとしても限界が見えており、自分としては地域共生という文脈を踏まえつつ次の世代が希望を持ってチャレンジし続けられる組織を増やすことに直接的に関わりたいと考えている。そのためにはプロボノでも何でもこれまでの学びを活かしてチャレンジしたい。

● 新規事業創出を通じて会社の変革を進めています。

● コンサルティング、コーチング等による金融機関への支援。

● 雑誌制作を通じた情報発信。

● 心理的安全性のある環境を行内に広めるべく、対話会の実施に向けて動

いています。正解のない時代に合ったコミュニケーションを通じて、行員のモチベーションや問題意識を高め、真に社会的に価値のある銀行にしていきたいと思っています。

●本質を考えながら仕事に向き合っている。変化や潮流を捉え、前例踏襲ではなく、自分で考えて、腑に落ちてから行動している。

●直接つながっているかはわかりませんが、自分がやりたいことや仕事に対する自分なりのビジョンを口に出すようにしています。

●ソーシャルビジネス（SB）事業者に対する金融排除を改善するために、金融機関（役職員）によるSB支援を促進している。

●金融の役割と可能性を楽しみながら、顧客の思いを理解し、当事者意識を持った対話と支援を心掛けています。

●まだまだ職場のルールに適応するフェーズで自分らしさを発揮する前段にありました。適応しつつも自分を持って染まることないようにしながら、自分らしさを発揮していきたいと思います。

●自組織でSHIFTと似たような対話会などの活動を開始している。

●SHIFTのベースキャンプ・セッションや所属先での活動を通じて幅広な知見を吸収し、今後の活動に活かしていこうと考えている段階。

●不動産業界は原則担保評価という観点が多いが、対話から成り立たせる評価基準を金融機関職員への啓蒙や執筆等で実施している。

●思ったことを言語化して伝え、関係者との対話の機会をつくる。

●組織での対話会の実施。

● 「『さよなら、頭がいいだけの銀行員』全国巡業プロジェクト」
クラウドファンディング　支援者一覧

　本書の出版を機会に、2024年2月から4月にかけて、未来の金融とそれを担うリーダーのあり方について全国のバンカーと対話する全国巡業プロジェクトを実施いたします。その運営費用を調達するため、2023年11月30日から2024年1月18日までの間「『さよなら、頭がいいだけの銀行員』全国巡業プロジェクト」というクラウドファンディングを実施いたしました。

　結果、130名の皆さんから、2,025,000円のご支援をいただくことができました。お力添えをいただいた皆さんに心からの御礼を申し上げるとともに、公表に同意していただいた皆さんのお名前を掲載いたします。

執筆者紹介

[編著者]

江上　広行（えがみ・ひろゆき）　　　　　　　　　　　〈はじめに、第1章、第2章執筆〉

株式会社ＵＲＵＵ 代表取締役／一般社団法人価値を大切にする金融実践者の会（JPBV）代表理事／グロービス経営大学院 専任教授

地方銀行、システム開発会社を経て2018年9月株式会社ＵＲＵＵを設立。金融機関やベンチャー企業などを対象に組織開発コンサルティングやリーダーシップ教育・コーチングなどを行う。著書に『対話する銀行——現場が描く未来の金融』（金融財政事情研究会、2017年）、『誇りある金融　バリュー・ベース・バンキングの核心』（共著、近代セールス社、2020年）、『金融機関のしなやかな変革——ピラミッド組織の崩壊、セルフマネジメント組織の誕生』（共著、金融財政事情研究会、2020年）などがある。

山口　省蔵（やまぐち・しょうぞう）　　　　　　　　　　　〈第3章、むすびに執筆〉

株式会社金融経営研究所 代表取締役 所長／特定非営利活動法人金融ＩＴ協会 理事長

1987年日本銀行入行後、金融機関の考査・モニタリング部署を中心に担当し、金融高度化センター副センター長を経て、2018年に株式会社金融経営研究所を設立。金融を通じた社会の発展を目的に「熱い金融マン協会」を運営。著書に『実践から学ぶ地方創生と地域金融』（共著、学芸出版社、2020年）、『金融機関のしなやかな変革——ピラミッド組織の崩壊、セルフマネジメント組織の誕生』（共著、金融財政事情研究会、2020年）などがある（月刊誌「銀行法務21」にて連載中）。

[著者（執筆順）]

馬場　貴裕（ばば・たかひろ）　　　　　　　　　　　　　　　〈第3章執筆〉

東邦銀行 個人コンサルティング部

立命館大学法学部卒業後、大手信託銀行入行。退職金制度の構築や投資教育等の業務を担当。その後仙台にＵターンし独立。大手企業向けの投資教育研修等を行う。2015年に東邦銀行へ入行し相続関連の新規事業の立ち上げ等を担当、3,000名以上の相続の話に寄り添う。銀行で働く人の成長支援を行う傍ら、「サステナブルサポーター」として、副業でSDGs研修、社外1on1等のコーチを実施する顔を持つ。グロービス経営大学院卒業。

林　大祐（はやし・だいすけ）　　　　　　　　　　　　　　　〈第3章執筆〉

なりし価値起点イノベーターズ 代表（個人事業、所属　南都銀行・中小企業診断士）

同志社大学商学部卒業後、南都銀行入行。支店勤務、本部での審査・信用リスク管理、住宅ローン業務や経済研究所での執筆、調査研究等に従事。個人ではSHIFT、ちいきん会、地域金融変革運動体、大阪府中小企業診断協会、奈良県中小企業診断士会、ウェルビーイングデザイン研究会、編集奈良、ライフシフト対話会等で交流しながら、共同研究やイベント開催・研修・執筆等のマルチステージで活動中。

宮入　則之（みやいり・のりゆき）　　　　　　　　　　　　　〈第3章執筆〉

株式会社ＤＴＧ ＣＦＯ・コンサルタント

2007年あおぞら銀行入行後、個人・法人営業、企画本部などに従事。名古屋支店勤務時代にはマネージャーとして富裕層向け資産運用、相続、事業承継業務に従事。2022年8月同行退社し、株式会社DTG CFO・コンサルタント、株式会社常磐植物化学研究所経営企画室長兼DX本部長、playground株式会社 PM、2023年株式会社TFL CFOに就任。実務経験を活かして執筆活動にも注力。

藤野　宙志（ふじの・ひろし）　　　　　　　　　　　　　　　　　　　　〈第3章執筆〉

株式会社グッドウェイ 代表取締役社長／山梨中央銀行 経営企画部 地域DX実践アドバイザー／一般社
団法人山梨イノベーションベース（YNIB）事務局長

慶應義塾大学理工学部卒業。キヤノンマーケティングジャパン、SBI証券、ナスダック・ジャパン、シ
ンプレクスを経て、2010年グッドウェイを創業。2020年フューチャーベンチャーキャピタル株式会社社
外取締役（退任）、2022年1月山梨中央銀行地域DX実践アドバイザー就任、2023年一般社団法人山梨
イノベーションベース事務局長に就任。

栗田　亮（くりた・あきら）　　　　　　　　　　　　　　　　　　　　　〈第3章執筆〉

金融庁 総合政策局 国際協力調整官　兼　グローバル金融連携センター（GLOPAC）次長

2008年金融庁入行。現在、アジア諸国当局等との政策対話を担う。入庁当初は、金商法制を担当。2011
年の震災後は、内閣官房や原子力損害賠償支援機構にて東京電力に対する経営財務調査に関与した。
2013年以降は、地域経済活性化支援機構（REVIC）法案の準備や、金融円滑化法終了後の地域金融機
関に対する監督を含む監督業務の企画調整など。2014年から、海外に出向し、在エジプト日本国大使館
財務アタッシェおよびミャンマー計画財務副大臣政策アドバイザー（証券市場の活性化）ののち、英国
留学。2020年帰国後、金融庁にて、金融行政方針の策定や金融分野の経済安全保障のほか、デジタルバ
ンキングの推進を担当。RIETI「DXの思考法」シリーズ・金融編に登壇。

岩立　顕一郎（いわだて・けんいちろう）　　　　　　　　　　　　　　　〈第3章執筆〉

一般財団法人北海道勤労者信用基金協会 参与

北海道の地域金融機関に所属しつつ、小樽商科大学大学院・グロービス経営大学院でMBAを取得。ポー
トフォリオワーカーとして、戦略立案、HRM、キャリアコーチング、ソーシャルビジネス支援といっ
た領域で活動中。北海道内私立大学（地域社会学科）の「金融学」非常勤講師、大学や高校での登壇の
機会を活かし、次世代の人材育成にも注力している。

清水　菜保子（しみず・なほこ）　　　　　　　　　　　　　　　　　　〈第3章座談会担当〉

一般社団法人ゆずり葉 代表理事／熊本こども・女性支援ネット 共同代表

大阪外国語大学卒業後、産業廃棄物のリサイクル提案をするアミタ（株）（現アミタサーキュラー（株））
に入社。パートナーの海外留学を機に退社し、海外の大学院に留学。帰国後、環境教育やグリーンコン
シューマー等の市民団体で活動。地域密着型クラウドファンディングを中心とした一般社団法人ゆずり
葉を設立し、「温かいお金」をキーワードに展開。熊本地震後、熊本こども・女性支援ネットを設立し、
こども・女性支援事業にも携わる。2023年よりアミタホールディングス株式会社社外取締役。

頭がいいだけの銀行員はもういらない
対話型人材開発のチャレンジ

2024年 3 月15日　　初版第 1 刷発行	編著者　　江　上　広　行
	山　口　省　蔵
	著　者　　JPBVリーダーシッププログラム メンバー
	発行者　　志　茂　満　仁
	発行所　　㈱経済法令研究会

〒162-8421　東京都新宿区市谷本村町3-21
電話 代表 03(3267)4811　制作 03(3267)4823
https://www.khk.co.jp/

営業所／東京03(3267)4812　大阪06(6261)2911　名古屋052(332)3511　福岡092(411)0805

カバー・本文デザイン／清水裕久（Pesco Design）
制作／西岡諒　印刷／富士リプロ㈱　製本／㈱ブックアート

©Hiroyuki Egami,Syozo Yamaguchi 2024　Printed in Japan　ISBN 978-4-7668-3508-3

☆　本書の内容等に関する追加情報および訂正等について　☆
本書の内容等につき発行後に追加情報のお知らせおよび誤記の訂正等の必要が生じた場合には、当社ホームページに掲載いたします。
（ホームページ　書籍・DVD・定期刊行誌　メニュー下部の　追補・正誤表　）

定価はカバーに表示してあります。無断複製・転用等を禁じます。落丁・乱丁本はお取替えします。